ていねいに仕込んで食べる
# 一週間のつくりおき
山脇りこ

## はじめに

今日はなにを作ろう…。そうだ！あれがある♪

かつて、仕事の帰り道、今日はなにを作ろうかな？　と考えていた日々があります。
しかも時刻は7時過ぎ、ああ、20分で晩ごはんだな、
きっと夫は、『今日の晩ごはん、何かな？』とは思っても、
『晩ごはん、何にしよう？』とは思いもしないはず……あーあ、と。
かといって、出来合いのものや、冷凍のものでは、私も物足りない。
なにしろ、それが続くと、（なぜか）罪悪感もあるし、食事も楽しくない、おいしくない。

そんな時、何回も「つくりおき＝おかずの素」に助けられました。
あれから何年？　この本には、その頃に試行錯誤して生まれたレシピや、
その後バージョンアップさせたものなど、私が今もよく作っているレシピを集めました。

おかずに困らないようにできるだけつくりおく、というより、
こうしておくとよりおいしい、ここまでやっておくと料理が底上げされる、
そんなポジティブ♪なつくりおきレシピです。
そして、できるだけ肉や野菜や果物など食材からうまみを引き出して、
うちにあるいつもの調味料でできるシンプルなレシピでもあります。

そのままでもおいしい、ひと手間かければ、おひとりさまのお手軽ごはんにも、
おもてなしのごちそうにも変身できる、中でもアレンジ無限大のものを厳選してみました。
あったらうれしいけどときどき面倒な薬味や、すぐにできるサラダなど、
台所の小さな知恵もご紹介しています。

まずは、1週間、楽しみながらやってみて下さい。
『何にしよう……そうだ、あれがある！　わーい。』ってな感じで、
料理をつくる自分も、家のごはんがわくわく楽しみになる、
そんな日々のための1冊になれたらうれしいなと思っています。

山脇りこ

追伸：今も、私にとって毎日のうちでのごはんが、いちばん楽しみで大切なこと。この喜びを教え
てくれた生家の食卓と家族に感謝を。
本書をリードしてくれた超キュートな河合嬢、かっこいい写真を撮ってくれたバーボン先生、
そして、凹んでいるときに『絶対、いい本を作りましょう！』と声をかけてくれたピーナッツ仲間の
心優しき大木編集長にも、最大の感謝を。
最後に、いつも支えてくれる鉄のチームワーク、すばらしき美女チームにも、ありがとう！
たまには『（私との）晩ごはん、何にしようかな？』と思う日があってもいいんじゃないの？
とツッコミたい相方にも、毎日の笑える食卓、ありがとう！

# CONTENTS

## 7… Part.1　1週間ごはんカレンダー

　　　8…お買い物リスト　　　9…調味料と常備食材
　　　10…日曜日の仕込みタイムテーブル　　11…1週間の作りおきメニュー

## 19… Part.2　「おかずの素」を作りおき

### 20…ゆで豚
→アレンジ　22…ゆで豚のしょうゆマスタードソース&ピリ辛ごまだれ
　　　24…豚の角煮 りんご&ラム酒風味　　25…ゆで豚のポトフ
　　　26…ハーブローストポーク　　27…マンハッタンポーク

### 28…豚の味噌漬け
→アレンジ　29…豚ロースの味噌漬けステーキ オレンジ風味　　29…スペアリブのドライフルーツ味噌漬け

### 30…やわらかゆで鶏
→アレンジ　32…しっとりゆで鶏 ねぎ油ソース　　33…手羽中のさっぱり酢じょうゆ漬け
　　　34…鶏ささみとぶどう、三つ葉の和えもの　　35…手羽元と栗のこっくり煮

### 36…肉そぼろ 洋風と中華風
→アレンジ　38…ミートパイ　　39…オムライス　　39…キーマカレー
　　　40…ごまのじゃじゃ麺　　41…スピード麻婆豆腐　　41…肉そぼろのレタス包み

### 42…鶏つくね
→アレンジ　43…春雨と鶏つくねのスープ　　44…肉団子と白菜の鍋　　45…甘辛揚げ団子

### 46…鯛の昆布締め
→アレンジ　48…鯛ごま茶漬け　　49…鯛のカルパッチョ 梅と柚子こしょう風味

### 50…海老と帆立のコンフィ
→アレンジ　51…海老のアヒージョ　　51…海老と帆立のパエリア風リゾット

### 52…MYミックスベジタブル 洋風&和風
→アレンジ　54…スパニッシュオムレツ　　55…焼きトマトと野菜のスープ
　　　55…アボカドと野菜のロコモコ風どんぶり
　　　56…おばあちゃんの混ぜごはん　　57…けんちん汁　　57…牛小間と根菜のカレー

### 58…大人のトマトソース
→アレンジ　59…野菜を感じるラタトゥイユ　　60…煮込まない昭和のミートソース
　　　61…グリル野菜 トマトソース添え

### 64…青菜の塩もみ
→アレンジ　65…青菜の和えもの2種　　65…春菊とカッテージチーズのワンタン

### 66…薄切り野菜の塩もみ
→アレンジ　67…かぶときゅうりの和えもの　　67…セロリとりんごのパルミジャーノ和え

### 68…千切り野菜の塩もみ
→アレンジ　69…千切りサラダ2種　　69…千切り野菜のにゅうめん

### 70…おつまみバターあれこれ
　　　明太バター/パセリバター/ツナバター
→アレンジ　71…明太キャベツ炒め　　71…ツナとパセリのピラフ

### 72…玉ねぎホワイトソース
→アレンジ　73…煮込まない豆乳シチュー　　73…冷やごはんでシンプルドリア

### 74…万能玉ねぎ
→アレンジ　74…和風万能玉ねぎでローストビーフ　　75…洋風万能玉ねぎで生ハムとケイパーのサラダ

## 81… Part.3 漬けておく、ゆでておく

- 82…**マリネ液に漬けておく**
  - →アレンジ　83…いかと玉ねぎ、パプリカのレモンマリネ　　84…たことバジルのマリネ
  - 85…野菜のピクルスと豆のピクルス
- 86…**麺つゆに漬けておく**
  - →アレンジ　87…焼きなすと万願寺、ししとうの焼き浸し　　88…長いもときゅうり、トマトの冷菜
  - 89…ぶりの南蛮漬け
- 90…**みりんしょうゆに漬けておく**
  - →アレンジ　91…まぐろのづけ丼
- 92…**甘酢に漬けておく**
  - →アレンジ　93…野菜4種の甘酢漬け
- 94…**白菜をゆでておく**
  - →アレンジ　95…白菜のザーサイ炒め　　95…ロール白菜
- 96…**大根をゆでておく**
  - →アレンジ　97…大根ステーキ　　97…即席おでん
- 98…**にんじんとさつまいもをゆでておく**
  - →アレンジ　99…にんじんスープ　　99…根菜の甘煮2種
- 100…**カレー粉をオイルに漬けておく**
  - →アレンジ　カレーオイル風味のサーディンとじゃがいものグリル
- 101…**じゃこナッツをオイルに漬けておく**
  - →アレンジ　じゃこナッツオイルパスタ
- 102…**ドライフルーツをビネガーに漬けておく**
  - →アレンジ　ドライフルーツグリーンサラダ
- 103…**干ししいたけとしょうがをしょうゆに漬けておく**
  - →アレンジ　がんもどきのさっと煮
- 104…**トマトを塩に漬けておく**
  - →アレンジ　ブルスケッタ
- 105…**レモンを塩とオイルに漬けておく**
  - →アレンジ　塩オイルレモングリルチキン

## 107… Part.4 疲れた体にレスキュー常備菜

108…しいたけのこっくり甘辛煮　　108…こんにゃく梅ごま煮　　108…ひじきと油揚げの炊いたん
109…しらたきとくるみの黒こしょう炒め　　109…5色きんぴら　　109…2色のお揚げ煮

### Column

- 17…だしの基本
- 18…基本のだしのとり方
- 62…サラダ野菜をおいしく食べるには？
  フレンチドレッシング／和風ドレッシング／丸ごとにんじん&キウイドレッシング
- 76…作りおき&アレンジで、ラクラクお弁当
- 80…こまった時に助けてくれるスパイス&食材たち
- 106…薬味を切っておく

### 本書の使い方

この本のレシピは、つくりおきをさらにアレンジして使用する「おかずの素」（Part.2）と、漬けておいたりゆでておいたりして使う「つくりおき」（Part.3）、時間があるときに作っておいてそのまま食べられる「常備菜」（Part.4）の3パートで構成しています。週末にこのレシピから何品かを作って冷蔵庫に入れておけば、あとは簡単なアレンジを加えたり、そのまま温め直して食べることが可能。平日のごはん作りがぐっと簡単に、そしてとってもおいしくなります。

### 保存のコツと期間

・食品を保存する場合は、容器をきれいに洗い、よく乾燥させてください。水分や食べ残し、指紋などの汚れがあると日もちが悪くなるのでご注意ください。食べるときにも、清潔な箸やスプーンで取り出して、すぐに冷蔵庫にしまうようにしましょう。
・レシピの最後に保存期間を明記しています。これは清潔な保存容器に入れ、冷ましてから冷蔵庫に入れた場合の保存の目安となります。湿気の多い季節、夏場などは、なるべく早く食べ切るようにしてください。

### 分量と作り方について

・本書のレシピ、作り方で表記されている大さじ1は15cc、小さじ1は5cc、1カップは200ccです。
・オーブンは機種によって温度、仕上がりに違いが出ますので、調理中の様子を確認しながら、ベストなタイミングを見つけてください。

# Part.1

週末にこれだけ作ればOK
## １週間ごはんカレンダー

週末にメニュー決めと買い物、
下準備をしっかりしておけば、
毎日のごはん作りに格段の余裕が出ます。
まずは、1週間のメニューを作ってみました。
一度、この通りに作ってみて、
"つくりおき"の威力を感じてください！

## お買い物リスト

日曜日に買っておきたい、2人分の1週間の食材リストです。

豚かたまり肉……500g
豚しゃぶしゃぶ用肉……200〜300g
合いびき肉……200g
豚ひき肉……100g
海老……12尾
帆立……4〜6個
豆腐……1丁
ちりめんじゃこ……50g
卵……4個
長ねぎ……2本

万能ねぎ……1束
レタス……1個
ベビーリーフ……1束
トマト……5個
かぶ……4個
きゅうり……2本
にんじん……1本
白菜……1/4個
小松菜……1束
しょうが、にんにく……各適量

レモン……1個
りんご……1個
ピーマン……1個
ミント、パセリ、オリーブ
（すべて飾り用）……各適量

※豚しゃぶしゃぶ用肉は、買って冷凍保存しておくと鮮度を保てます。水曜日に買い足してもOK。
※豆腐とベビーリーフは、木曜日に買い足すのがおすすめです。

## 調味料と常備食材

1週間メニューで登場する主な調味料と常備できる食材です。

**しょうゆ**
薄口しょうゆⓐと濃口しょうゆⓑの2種類を使っています。

**オイル**
ごま油はプレーンな太白ごま油ⓒと焙煎の香りが強いごま油ⓓの両方を使っています。太白ごま油は菜種油など植物由来の好みの油でも。オリーブオイルⒻは香りのよいものを1本用意して、さまざまな料理に使います。

**酢**
すっきりした酸味とコクがある純米酢ⓔを好んで使っています。

**みりん**
甘みとうまみを加えてくれます。煮くずれを防ぐ効果もあり、テリを出したいときにも有効。ⓖなどの本みりんを使ってください。

**豆板醤**
空豆と唐辛子が原料の、中国の発酵調味料ⓗ。辛さと旨み、香りがあり、麻婆豆腐に欠かせません。

**味噌**
我が家は手前味噌ⓘですが、お好みの味噌を使ってください。

**砂糖**
ミネラル分があり、味わいが強い黒砂糖ⓙを使用。上白糖で代用する場合は甘みが強いので控えめに。

**塩**
煮込むときや、かたまり肉にすり込む時はゲランドの粗塩ⓚを、調味には細かい自然塩ⓛを使います。

**豆豉、花山椒**
華やかな香りがあり、噛むとピリっとした刺激が広がる花山椒ⓜ、黒豆を発酵させた調味料の豆豉ⓝは共に中国の調味料。中華のおかずの味をより本格的に仕上げます。

**ごま、ナッツ類**
松の実ⓞ、くるみⓟ、すりごまⓠなどのナッツ類は、料理の味と食感のアクセントになるので常備しておくと便利。

### 日曜日の仕込みタイムテーブル

日曜日の午後、2時間もかからない作業で、"おかずの素"10品が完成。
これで1週間のごはんを作っていきます。
段取りよく、作業しやすい順番を考えました。
前日夜か当日朝に昆布を水に浸けておくことで、おだしだって手間いらず。

**Step 1**
昆布を水に浸けておく ※前日の夜か、日曜の朝に作っておくとよい → P.18　5min

**Step 2**
海老と帆立のコンフィを作る → P.50　20min

**Step 3**
白菜をゆでる → P.94　10min

**Step 4**
ロール白菜を作り、昆布水で煮る → P.95　15min

**Step 5**
中華風肉そぼろを作る → P.36　15min

**Step 6**
かぶときゅうりを切って塩もみにする → P.66　10min

**Step 7**
豚かたまり肉を塩漬けにして冷蔵庫へ → P.20　10min

**Step 8**
トマト3個を刻んで塩トマトを作る → P.104　5min

**Step 9**
かぶの塩もみを絞り、一部を甘酢に漬ける → P.93　10min

**Step 10**
じゃことナッツをオイルに漬ける → P.101　5min

→日曜日の夜ごはん以外は、冷蔵庫で保存すればOK！

## 1週間の作りおきメニュー

### Ⓐ 豚肩ロース肉の塩漬け (P.20)
塩漬けすることで、下味をしみ込ませながら、日持ちもよくします。

### Ⓑ 中華風肉そぼろ (P.36)
ひき肉は買ってきたらすぐに火を入れておくと安心。中華料理に大活躍。

### Ⓒ 海老と帆立のコンフィ (P.50)
魚介のおかずも重宝。風味豊かなオイルまで残さず食べたい。

### Ⓓ じゃこナッツオイル (P.101)
カリカリの食感とうまみをプラスしてくれる、自家製万能調味料。

### Ⓔ かぶの甘酢漬け (P.93)
あともう1品！ というときにサッと出せる甘酢漬け。サラダにも。

### Ⓕ かぶの塩もみ (P.66)
覚えておきたい保存方法。かさが減り、たくさん食べられます。

### Ⓖ 塩トマト (P.104)
トマトの余分な水分を取り除き、甘みが凝縮。日もちもします。

### Ⓗ きゅうりの塩もみ (P.66)
和えもののベースに最適。サラダ代わりにパリパリと食べられます。

### Ⓘ ゆで白菜 (P.94)
白菜は新鮮でおいしいうちにゆでておき、調理時間をぐっと短縮。

### Ⓙ 昆布水 (P.18)
一番カンタン、でも絶品なおだし。前日に浸けておくのを忘れずに。

つくりおき晩ごはんのスタート1日目。ゆで白菜の外側を、まずはロールキャベツに。

- ●ロール白菜 (P.95) ●海老のアヒージョ (P.51)
- ●グリーンサラダ（ドレッシングは、好きな酢とおいしいオリーブオイルを1:1で） ●塩トマトのブルスケッタ (P.104)

## Mon
月曜日

B + F + H + G

慌ただしい月曜日は、ほとんど並べるだけで完成！のラクチンごはんでパワーチャージ。

- 中華肉だねでレタス包み (P.41)　● かぶときゅうりの和えもの (P.67)　● 卵とネギと塩トマトのスープ（だしに P.104「塩トマト」を加えて火にかけ、卵を溶く）　● ごま油とすりごま、しょうがのごはん（炊きたてごはん3膳分にごま油小さじ2、すりごま大さじ1、刻んだしょうが小さじ1を混ぜ込む）

## Tue 火曜日

塩漬けしておいた豚肉がメインのおかずとして登場。白菜の白い部分は絶品スープに。

- ●ゆで豚 (P.22)
- ●焼きトマト (P.29「豚ロースの味噌漬けステーキ」のつけ合わせ参照)
- ●冷奴のじゃこナッツオイル (P.101)
- ●白菜のスープ (ゆで豚のゆで汁に白菜を加えて煮て、塩をする)

## Wed 水曜日

のんびりしたい水曜日の夜は、鍋料理。塩豚のゆで汁が、旨みたっぷりのスープに変身。

- ●シンプル豆乳しゃぶしゃぶ (鍋のスープはゆで豚のゆで汁＋豆乳。具はねぎ、小松菜、レタス。シメはうどん。タレはすりごま大さじ3、味噌大さじ1、酢小さじ2を鍋スープで溶く)

※この日に木曜日と金曜日の下準備。小松菜の茎を塩もみ、にんじんを千切りにして塩もみします。

中華風メニュー。ひき肉だねで麻婆豆腐を作り、海老のコンフィはピーマンと炒め物に。

- 麻婆豆腐 (P.41)　● 海老＆ピーマン炒め (P.50「海老のコンフィ」と細切りピーマンを炒める)
- 小松菜と卵白のスープ (昆布水を温め、刻んだ小松菜を入れ、塩、しょうゆで味を調え、卵白を加えて混ぜる)
- かぶ甘酢漬け (P.93)

ワインを飲みたい週末の夜は、少しおつまみっぽい料理にアレンジ。

- 帆立のコンフィのピラフ風ごはん (P.50「帆立のコンフィ」の帆立とオイル、コーンを加えて炊飯し、パセリをふる)
- にんじんの和風ラペ (P.69)　● ジャコナッツのカナッペ (P.101)
- パルミジャーノレッジャーノとグリーンサラダ (ドレッシングは、レモン汁大さじ2＋オリーブオイル大さじ3)

# Sat
土曜日(ブランチ)   D + E

オフの日のブランチは、パスタを中心にビールに合う味付けのものを並べて。

- 小松菜のペペロンチーノ風 (P.101の「じゃこナッツオイルパスタ」の工程2で小松菜のみじん切りを加える)
- ゆで卵のねぎ油ソース (P.32のソース参照)   ● かぶの甘酢サラダ (好みの葉野菜とりんごの薄切り、かぶの甘酢を和える)

Column

## だしの基本

だしは面倒……とよく耳にします。それなら、まず、水に浸けておくだけの昆布水か、昆布&しいたけのだしを常備することから始めてみて下さい。レシピに水と書かれているところを昆布水にするだけで、ぐっとコクとうまみが増して、料理上手になった気がすると思います。和食のみならず、洋風の料理にも使えます。カレーもポトフも味わいが違ってきますよ。
また、市販のめんつゆを希釈するときに昆布水を使ってみてください。ちょっと上等なおいしいめんつゆに。罪悪感も軽減します。
また昆布水があれば、プラスかつお節でとってもおいしい一番だしがとれます。かかる時間は10分。一番だしをお子さんが飲みほした、なんていう声もよく聞きます。身体に沁み込む感覚と、自分をほめてあげたくなる、いい気分をぜひ体験してみて。
このほか、P.30のゆで鶏やP.20のゆで豚のゆで汁も上等なだしです。和洋の垣根にこだわらずに、スープに煮ものに炊き込みごはんに、上手に活用してみてください。だしと書かれているところをいろいろ置き換えて使ってみると、意外なおいしさにびっくりするかも知れません。

### 基本のだしのとり方
この本のレシピで「だし」とあるものは、基本は「昆布とかつおの一番だし」を使います。
時間がないときや、お好みで、昆布としいたけのだしや、昆布水を使っても大丈夫です。

## 昆布とかつおの一番だし
● 材料
昆布水（作り方は右記参照）……1ℓ
削り節……40g

● 作り方
昆布水の昆布を取り除き、鍋に入れて中火にかける。沸騰したら削り節を入れる。菜箸で軽く押さえて湯に沈め、火を止めて1分〜1分半おく。大きめのボウルにざるを重ね、ぬらして固くしぼったさらしを敷き、だしを漉す。さらしを持ち上げ、削り節を引き上げる。ギュッと絞らない方が雑味のないだしがとれるので、後の使い途で判断して。
※24時間以内に使い切らない場合は、麺つゆにしたり、冷凍保存を。

## 昆布としいたけのだし
● 材料
水……1ℓ
昆布（7×10cm程度）……2枚
干ししいたけ……3個

● 作り方
昆布と干ししいたけは使う前にさっと水をかけ、表面のほこりを取り除く。分量の水に浸けて、冷蔵庫で8〜15時間おく。昆布と干ししいたけを取り出して、早め（できれば24時間以内）に使い切る。
※残ったら、麺つゆ（P.86）にしたり、スープに使うとよい。

## 昆布水
● 材料
水……1ℓ
昆布（7×10cm程度）……3枚

● 作り方
昆布は使う前にさっと水をかけ、表面のほこりを取り除く。分量の水に浸けて、冷蔵庫で8〜15時間おく。昆布を取り出して、早め（できれば24時間以内）に使い切る。
※そのまま温めて飲んだり、昆布茶にも使える。昆布茶にする場合、昆布水を温め、お湯の代わりに茶葉に注げばOK。夏は昆布水ボトルに茶葉を入れた紙パックを浸けておくと、水出し昆布茶になる。

Part. 2

# 「おかずの素」を
# つくりおき

下ごしらえをして冷蔵庫に入れておけば、
そのままお皿に盛って、塩やしょうゆで食べることも、
煮たり焼いたりのアレンジを加えて変身させることも自在。
そんなストック食材"おかずの素"をご紹介します。
少しおくことで味がなじんでおいしくなり、
そこにアレンジを加えることで幾通りにも料理が広がります。

おかずの素

# ゆで豚

豚のかたまり肉を5〜6％程度の塩に漬けて、
味をしみ込ませてから、しっとりとゆで上げます。
日もちもするので、冷蔵庫にいつも常備しておきたい。

### 材料/作りやすい分量

豚の塩漬け
- 豚かたまり肉
  （肩ロースや、ロース、バラなど）
  ……500g
- 塩……約大さじ2

水……4カップ
酒……1カップ

### 作り方

**1** 豚の塩漬けを作る。ビニール袋に塩を入れ、豚かたまり肉を入れて塩が全体にからむようにする（a）。冷蔵庫で1〜3日おいて塩をなじませる。

※もっと多い分量で仕込む場合の塩の目安は、1kgで大さじ4、800gで大さじ3弱。

**2** **1**の塩漬け豚の塩をよく洗い流す。鍋に水と酒と豚肉を入れて中火にかけ、沸いたら火を弱めて、オーブンシートで落としぶたをして40分ほどゆでる（b、c）。火を止めてそのまま冷ます。保存する時は、ゆで汁をざるで漉す。ゆで汁はスープとして料理に活用できる。

＊酒粕でゆでてもおいしい。酒粕の場合は、分量の塩漬け豚に水5カップと酒粕300gでゆでる。

**保存**：ゆで汁に浸けた状態で冷蔵庫で3日。汁に浸けておくことで、しっとり感を保てる。

### Column

## ゆで豚の「しっとり」の秘密

ゆで豚をしっとり仕上げる大切なコツは、なによりも「豚に気づかれないようにゆでる」ことです。水からゆではじめ、中火でじわじわと温めていき、くつくつっとしてきたら、弱火にしてじんわりと。火を止めたらスープの鍋の中で人肌までそのまま冷ますのも大事です。熱いところに入れて急激に火を入れると、ぎゅっと、固くなってしまうので、厳禁です。ゆっくり火を入れてゆっくり冷ます、この火加減を守れば、しっとり、料理上手のゆで豚になります。

スープごと保存するか、先にスープを使う場合は、空気に触れないようにしっかりラップして保存すれば、しっとり、はキープされます。

ゆで豚をアレンジ

## ゆで豚のしょうゆマスタードソース&ピリ辛ごまだれ

しっとり食感と、程よく脂の抜けた豚のうまみを、シンプルに味わえるレシピです。
ソースを作る時間がない日は、おいしい塩だけでもじゅうぶんです。

### 材料／4人分
ゆで豚（P.21参照）……500g
香菜……60g（大きめの1束）
紫玉ねぎ……1/2個
しょうゆマスタードソース
　しょうゆ……大さじ3
　粒マスタード……大さじ2
　香菜の茎（小口切り）……適量
ピリ辛ごまだれ
　すりごま……大さじ4
　豆板醤……小さじ1
　酢……小さじ4
　しょうゆ……小さじ4

ピリ辛ごまだれ

しょうゆマスタードソース

### 作り方
1　ゆで豚は厚さ1cm弱に切る。香菜は食べやすい長さに切る。紫玉ねぎは繊維に沿ってくし形の薄切りにし、塩小さじ1（分量外）を加えてよくもみ、流水で洗って絞る。
2　しょうゆマスタードソースとピリ辛ごまだれは、それぞれの材料をよく混ぜ合わせ、盛り付けた1に添える。

ゆで豚をアレンジ

## 豚の角煮 りんご&ラム酒風味

ゆでておいた豚ばら肉があれば、角煮も手軽です。
りんごの甘みと酸味、ラム酒の風味で大人っぽく。

### 材料／4人分
豚バラ肉のゆで豚（P.21参照）
……500g
ラム酒……1カップ
りんご……1個
酢……大さじ2
黒砂糖……大さじ4
しょうゆ……大さじ3
ゆで卵……4個

### 作り方
1 ゆで豚は、3〜4cm幅に切る。
2 りんごは皮をむき、芯を取り除く。半分をすりおろし、半分は4等分して横に薄切りにする。
3 鍋にしょうゆ以外のすべての材料を入れて、中火にかける。オーブンシートで覆うように落としぶたをし、20分煮て火を止める。しょうゆを加えて、30分以上おき、殻をむいたゆで卵を加えて、再び20分煮る。

※1晩おいても味がなじむ。
※ラム酒がなければ同量の赤ワインでも、また違ったおいしさに。

ゆで豚をアレンジ

# ゆで豚のポトフ

ゆで豚はあらかじめ火が入っているので、アクも脂もあまり出ません。
野菜は焼くことでうまみがぐっと強くなり、煮込み料理とはひと味違う仕上がりに。

### 材料／4〜5人分
- ゆで豚（P.21 参照）……500g
- にんじん（皮をむく）……2本
- 玉ねぎ（大、皮をむく）……1個
- じゃがいも（大、皮をむく）…4個
- かぶ（皮をむく）……4個
- 白ワイン……1カップ
- 豚のゆで汁（または水）…3カップ
- おいしい塩……適量

### 作り方
1. すべての野菜をアルミホイルでしっかり包み、200℃に予熱したオーブンで40分焼く。焼きあがったら、それぞれ、2〜3等分する。
2. ゆで豚は、3〜4cm角に切る。
3. 鍋に 1、2、白ワイン、ゆで汁を入れて、中火で20分ほど煮る。仕上げに塩で味を調整する。

※塩は、味を見て食べるときに加えてもよい。
※好みでローズマリーや黒こしょうを添えてもよい。

塩漬け豚をアレンジ

## ハーブローストポーク

ゆで豚用に塩漬けにしたお肉はゆでずに、そのまま焼くのもおすすめ。
ハーブを効かせれば、ワインがすすむ味になります。

### 材料／4人分
塩漬け豚（P.21の工程1参照）
……500g
好みのフレッシュハーブ
（タイム、ローズマリーなど）…適量
※ドライハーブでもよい。

### 作り方
1 塩漬け豚の表面の塩を洗い流す。ボウルに入れ、40℃程度のぬるま湯をはって、15分ほど塩抜きする。
2 塩漬け豚の上面に切りこみを入れ、ハーブを挟み込む（ドライハーブを使用する場合は全体にふりかける）。200℃に予熱したオーブンで50分〜1時間焼く。

塩漬け豚をアレンジ

# マンハッタンポーク

こちらは塩漬けの工程をアレンジして、こんがり独特の風味に。
塩と一緒にインスタントコーヒーとパプリカで漬け込みます。

### 材料／4～6人分
豚肩ロースかたまり肉 …700g
インスタントコーヒー（顆粒）
……大さじ4
塩……大さじ1
パプリカ（粉）……小さじ2
ローズマリー（ドライ）…大さじ1

### 作り方
1. 保存用ビニール袋に、豚肉以外の材料を入れ、よく混ぜ合わせる。
2. 1に豚肉を加え、全体にからまるように動かしながら、表面を調味料がおおうようにする。冷蔵庫に入れて1晩おく（2晩以上おく場合は少し塩を増やすとよい）。
3. オーブンを200℃に予熱する。2の豚を取り出し、洗い流さずにそのままオーブンに入れて、1時間焼く。

※つけ合わせに、じゃがいもや、にんじんを一緒に焼いてもおいしい。

## おかずの素

# 豚の味噌漬け

お肉を買ってきたら、とりあえず味噌漬けにしておきます。
保存もきくし、食べたいときにすぐに焼ける！
このレシピは、ゆで卵や根菜にも応用できます。

### 基本の味噌床

材料／作りやすい分量
好みの味噌（米味噌、麦味噌など）
…… 300g
みりん…… 50cc
酢 …… 50cc

作り方
1. すべての材料をよく混ぜ合わせる。※右は八丁味噌、左は麦味噌

保存：味噌床だけなら、冷蔵庫で5日

豚の味噌漬けをアレンジ / 豚の味噌漬けをアレンジ

## 豚ロースの味噌漬けステーキ オレンジ風味

マーマレードの香りと酸味が加わることで、豚肉がさらにおいしい！
焦げやすいので、よく味噌をぬぐってから低温で焼くことがポイントです。

材料／2人分
豚ロースステーキ用肉
……2枚（約400g）
基本の味噌床（左ページ参照）
…… 約200g
オレンジマーマレード
…… 大さじ2
トマト、カリフラワー
（小房に分ける）、植物油
……各適量

作り方
① 基本の味噌床にオレンジマーマレードを加えてよく混ぜ、保存容器に入れる。豚肉を加えて全体に味噌が回るように漬け込み、冷蔵庫で一晩おく（この状態で2日もつ）。
② 豚肉についた味噌をこそげとる。フライパンに植物油をひき、冷たいうちから豚肉とカリフラワーを入れて焼き始める。じりじりと焼けてきたら火を弱め、ふたをして両面5分ずつ、ふたをとって2分、じっくりと焼き上げる。焦げやすいので注意する。仕上げに肉についていた味噌も加えて、からめるように焼く。
③ トマトに十字の切り込みを入れ、オーブントースターで3〜4分焼く。②と共に器に盛る。

## 豚スペアリブの ドライフルーツ味噌漬け

レーズンや干しいちじくを味噌床に加えてアレンジ。
甘酸っぱさがスペアリブを引き立てます。

材料／4人分
豚スペアリブ
……700g（約8本）
基本の味噌床（左ページ参照）……300g
干しいちじく
（3等分に切る）…3粒
レーズン……30g

作り方
① 基本の味噌床に、干しいちじくとレーズンを加えてよく混ぜる。
② 豚スペアリブの全体に①がまわるように漬け込み、冷蔵庫で半日〜1晩おく（この状態で2日もつ）。
③ 豚肉についた味噌をこそげとる。魚焼きグリルにアルミホイルを敷き、油（分量外）少々をひいた上に②を並べて、12〜13分焼く。味噌床と干しいちじくとレーズンをアルミホイルに包んで同時に焼き、共に盛り付ける
※ホイルに包んで焼いた味噌床は、おにぎりの具にしたり、パンやクラッカーにのせてもおいしい。

おかずの素

# やわらかゆで鶏

低温で火を入れることで、驚くほどしっとり！
鶏肉のいろいろな部位を一度にゆでておくと、
料理の幅がぐんと広がります。

### 材料／作りやすい分量
鶏肉の好みの部位
（胸肉、ささみ、手羽元、手羽中など）……各適量※胸肉2枚、ささみ4枚、手羽元と手羽中は各8本程度
水……1ℓ（直径18cmの鍋で作る場合の目安）
酒……2カップ

### 作り方
1. 鶏肉を鍋に入れ、完全にかぶる量の水と酒を入れ、中火にかける。沸いてきたら、最弱火にし、7分程度、沸騰させずに火を入れる。火を消して、そのまま冷ます。

> **保存**：保存容器にスープと鶏肉を共に入れ、塩小さじ1を加える。冷蔵庫で4日。

#### Column

### ゆで鶏をやわらかく仕上げるコツ

ゆで鶏をしっとり仕上げるコツも、ゆで豚と同じで、「気づかれないように、じんわりと火を入れること」。そのまま食べてもおいしいですが、下ごしらえとしても秀逸。これをやっておくと、生から煮たり揚げたりするより、ぐっとやわらかく、しっとり仕上がります。また、ももや胸だけでなく、手羽元や、手羽中、ささみもおすすめ。こちらも、ゆっくり火を入れてゆっくり冷ますこと（胸やもものかたまりより、ゆで時間は短くてよい）。ささみはサラダやサンドイッチにも、小腹が空いた時のヘルシーなおやつにも。

やわらかゆで鶏をアレンジ

## しっとりゆで鶏 ねぎ油ソース

ゆでただけなのに、蒸し鶏みたいにしっとり！
香ばしいごま油のソースをジュッとかければ、食欲が刺激されます。

### 材料／2人分
胸肉のゆで鶏(P.31参照)……1枚
万能ねぎ……10本
塩……小さじ1
ごま油……大さじ3

### 作り方
1 ゆで鶏は1cm幅に切り、器に盛る。
2 万能ねぎは細かい小口切りにする。
3 小鍋にごま油を熱し、熱くなったら万能ねぎと塩を入れて火を消す。1にジュッとかける。

やわらかゆで鶏をアレンジ

## 手羽中のさっぱり酢じょうゆ漬け

骨からするっと外れて、口の中でほろり。お弁当にもぴったりなおかずです。
実山椒の心地よい刺激がアクセントに。

### 材料／4人分
手羽中のゆで鶏（P.31 参照）
……8本
片栗粉……大さじ2
米酢……50cc
しょうゆ……50cc
実山椒、揚げ油……各適量

### 作り方
1　フライパンに1cmくらいの油をはり、火にかける。粉を入れてさっと上がってくるくらいまで温度をあげる。
2　耐熱の保存容器に米酢としょうゆを入れて混ぜる。
3　ゆで鶏に、軽く片栗粉をはたき、1で揚げ焼きする。表面がパリッとすればよい。
4　油を切らずに、順に2に浸けていく。1時間くらい漬けたあとがおいしい。仕上げに実山椒を散らす。※液に漬けたまま、冷蔵庫で2日保存可能。お弁当にもおすすめ。

やわらかゆで鶏をアレンジ

## 鶏ささみとぶどう、三つ葉の和えもの

もう一品ほしいな、というときに作りたい、粋な小鉢。
ささみの淡白な味を、ぶどうが引き立てます。

### 材料／4人分
ささみのゆで鶏（P.31参照）
……4本
ぶどう（巨峰、ピオーネなど）
……8粒
三つ葉……1束　100g
レモン汁……大さじ3
塩……小さじ1

### 作り方
1　ゆで鶏は、手で食べやすい大きさにほぐす。ぶどうは皮をむき、半分に切って種をとる。三つ葉は、茎は2cm幅、葉は3cm幅のざく切りにし、よく水気を拭きとる。
2　ボウルにレモン汁と塩を入れて混ぜ、1を加えて全体にからめるようによく和える。

やわらかゆで鶏をアレンジ

# 手羽元と栗のこっくり煮

面倒な下ゆで作業が済んでいるから、あとはお鍋に入れて15分煮るだけで、こっくり！
次の日でもおいしい、甘辛のおいしさです。

### 材料／4人分
手羽元のゆで鶏（P.31 参照）
……8本
栗の甘露煮……8粒
しょうゆ………50cc
酒……50cc
みりん……50cc
炒りごま……適量

### 作り方
1　鍋にすべての材料を入れ、オーブンシートで全体を覆うように落としぶたをして中火にかけ、15分煮る。煮汁がなくならないように注意する。仕上げに炒りごまを散らす。

おかずの素

# 肉そぼろ 洋風と中華風

そのままごはんにかけて食べてもおいしい、
肉そぼろ2種類をご紹介します。
中華風肉だねには豆豉や花椒を使うので、
料理に加えるとぐっと本格的に！

## 洋風肉そぼろ

材料／作りやすい分量
合いびき肉……200g
牛ひき肉……100g
玉ねぎ……中1個
ドライプルーン……5粒
A ┌ ウスターソース……大さじ3
　├ バルサミコ酢……大さじ1
　│ （または米酢 小さじ1）
　├ 赤ワイン（または酒）
　│ ……大さじ1
　├ 塩……小さじ1
　└ こしょう……適量

作り方
1️⃣ 玉ねぎは粗みじん切りにする。プルーンは種があれば取り除き、各5〜6等分に切る。
2️⃣ フライパンに油（分量外）をひき中火にかけ、玉ねぎを入れて炒める。透明になってきたら、ひき肉類とプルーンを加え、色が変わるまで炒める。
3️⃣ 2️⃣にAをすべて加えて5〜6分、ぐつぐつと炒め煮し、火を止めて粗熱をとる。保存容器に移して冷蔵庫で保存する。

保存：冷蔵庫で4日、冷凍庫で3週間

## 中華風肉そぼろ

材料／作りやすい分量
合いびき肉……200g
豚ひき肉……100g
長ねぎ……50g（白い部分2本分）
しょうが……1片（約20g）
A ┌ 豆豉……大さじ1 1/2
　├ 豆板醤……小さじ2
　│ （辛さは好みで加減する）
　└ 花椒……小さじ2
味噌（好みの味噌）……大さじ3
酒……大さじ2
ごま油……大さじ1

作り方
1️⃣ 長ねぎとしょうがはみじん切りにする。豆豉は細かく刻む。
2️⃣ フライパンにごま油をひいて火にかけ、熱くなったら弱火にしてAを加えて炒め、香りが出たら長ねぎとしょうがを加えてさらに全体をからめながら炒める。
3️⃣ 2️⃣にひき肉を加えてさらに炒め、肉の色が変わるまで火を通し、酒と味噌を加えて全体をよくからめるように炒める。火を止めて粗熱をとり、保存容器に移して冷蔵庫で保存する。

※甘みを加えたい場合は、大さじ1の黒砂糖やメープルシロップを加えるとよい。
※工程2までで保存しておくと、「中華の素」として炒めもののベースに使える。

保存：冷蔵庫で4日、冷凍庫で3週間

洋風肉そぼろをアレンジ

# ミートパイ

市販の冷凍パイシートと、作りおきの肉そぼろがあれば、あっという間に憧れの焼きたてミートパイが完成！

材料／8個分
冷凍パイシート（市販品）……300g（4枚）
洋風肉そぼろ（P.36参照）…1カップ
A ┌ ケチャップ……大さじ2
　└ 溶けるチーズ……50g
卵黄……1個分

作り方
1. パイシートは常温において解凍して、少し打ち粉をし、12cm四方の正方形2枚に切り分ける。
2. 肉そぼろとAをボウルに入れてよく混ぜ合わせる。
3. 1のパイシートが半分に折れるように2適量を手前にのせて折りたたむ。パイシートの周りは、具がこぼれないようにフォークなどで押してしっかりと閉じる。
4. 3の表面にもフォークで穴をあけ、ほぐした卵黄を刷毛で塗る。
5. 200℃に予熱したオーブンで15分ほど焼く。

※冷めてもおいしいが、再び温めるときは、アルミホイルで包み、オーブントースターやグリルで焼くとよい。

洋風肉そぼろをアレンジ　　洋風肉そぼろをアレンジ

## オムライス

大人も子どもも、みんな大好きオムライス。
洋風肉そぼろで、洋食屋さんの味が実現！

**材料／2人分**
洋風肉そぼろ
（P.36参照）……100g
ごはん……2膳分
卵……4個
マヨネーズ……大さじ2
トマトソース（P.58参照。またはケチャップ）
……適量
こしょう、ベビーリーフ、くるみ……各適宜

**作り方**
1. フライパンに油（材料外）をひいて中火にかけ、肉そぼろを入れて炒める。肉がほぐれてきたらごはんを加えて全体をよく炒め合わせて取り出す。
2. 卵とマヨネーズは混ぜ合わせておき、油（材料外）をひいて熱したフライパンに注いで半熟状の薄焼き卵にしたら、1のごはんを戻して薄焼き卵で包むようにして返す。
3. 器に盛り、トマトソースをかける。好みでこしょうをふり、付け合わせに、ベビーリーフとくるみを添える。

## キーマカレー

スパイスとカレー粉で、
ルーを使わないカレーに挑戦！

**材料／2人分**
洋風肉そぼろ(P.36参照)
……1カップ
カレー粉……大さじ2
ガラムマサラ……小さじ2
クミン（あれば）
……小さじ1/2
白ワイン……大さじ2
塩……適量
温かいごはん……2膳分
アーモンドスライス、ピンクペッパー、豆のピクルス（P.85参照）
……各適宜

**作り方**
1. フライパンを弱火にかけ、カレー粉とガラムマサラ、クミンを乾煎りする。
2. 1の香りがたって水分が抜けたら肉そぼろと白ワインを加えて炒め合わせ、肉がほぐれたら塩で味を調える。
3. 器にごはんと2を盛りつける。好みでアーモンドスライス、ピンクペッパー、豆のピクルスを添える。

中華風肉そぼろをアレンジ

# ごまのじゃじゃ麺

肉そぼろのコク、ごまの香ばしさ、
ごま油の香りが合わさって、
止まらないおいしさに。

### 材料／2人分
中華風肉そぼろ（P.36参照）
……1カップ
うどん……2玉（200g）
すりごま……大さじ3
ごま油……大さじ1
しそ……適量

### 作り方
1 フライパンを火にかけて肉そぼろを温める。うどんは表示通りにゆでる。
2 ボウルにすりごまとごま油を入れて混ぜ合わせ、ゆでたてのうどんを加えてからめて器に盛る。
3 2の上に温めた肉そぼろと、しその千切りをのせる。

中華風肉そぼろをアレンジ　　　　　中華風肉そぼろをアレンジ

## スピード麻婆豆腐

定番の中国料理だって、
肉そぼろがあれば気軽に作れます。

### 材料／2人分
中華風肉そぼろ
（P.36参照）…1カップ
豆腐（木綿でも絹でもよい）……1丁
A
- オイスターソース
　……大さじ1
- 酒……大さじ2
- 豆板醤……小さじ1
（辛さは好みで加減する）

### 作り方
1 豆腐はキッチンペーパーなどに包み、ざるにのせて20分ほどおく。
2 鍋に肉そぼろとAを加えてよく炒める。
3 2に1の豆腐を手でちぎって加えて全体をやさしく混ぜ合わせ、ぐつぐつと沸くまで炒め煮する。
※長ねぎを刻んで加えてもおいしい。

## 肉そぼろのレタス包み

レタスのパリパリ感と、
肉そぼろのうまみがベストマッチ。

### 材料／2人分
中華肉そぼろ(P.36参照)
……1カップ
レタス（外側の葉）…4枚
ピーマン（輪切り）……適量

### 作り方
1 レタスは外側の葉を破らないようによく洗ってキッチンペーパーなどで水気を拭く。
2 フライパンを火にかけて肉そぼろを温め、1に適量ずつのせていただく。好みでピーマンをのせてもよい。

## おかずの素

# 鶏つくね

しっかり味をつけた鶏のお団子はいろいろな料理に使えます。
保存するときにゆで汁に浸けておくと、やわらかさも保たれるのでおすすめ。
ゆで汁はスープとしても使えるので、捨てずに活用しましょう。

## 鶏つくね

### 材料/作りやすい分量
- 鶏胸ひき肉……250g
- 鶏ももひき肉……250g
- 塩……小さじ1
- 卵……1個
- 長ねぎ(白い部分)…1本(約30g)
- しょうが(すりおろす)……20g
- しょうゆ……小さじ1
- A ┌ 昆布水(または水)……1.5ℓ
  └ 酒……100cc

### 作り方
1. ボウルにひき肉と塩を入れて粘りが出るまでよく混ぜ合わせる。
2. 長ねぎはみじん切りにし、卵は溶いておく。
3. 1のボウルに2としょうが、しょうゆを加えてよく混ぜる。
4. 鍋にAを入れて火にかけ、沸いてきたら3をスプーンでまとめながら落とし、鶏団子が浮んできたらできあがり。火を止めて鍋に入れたまま冷ます。スープに漬けたまま保存する。

**保存**:冷蔵庫で3日。

鶏つくねをアレンジ

# 春雨と鶏つくねのスープ

鶏のだしがたっぷりと出た煮汁が主役の、
体の芯から温まるスープです。

材料／2人分
春雨（乾燥）……70g
鶏つくね（左ページ参照）
……8個
しょうゆ……小さじ1
みりん……小さじ1
鶏団子のスープ（または昆布水や
だし、市販の鶏ガラスープ）
……400cc
三つ葉……1把

作り方
1 春雨は表示通りに戻しておく。三つ葉の葉は3cm、茎は1cm程度のざく切りにする。葉の一部を飾り用によけておく。
2 鍋に春雨以外のすべての材料を入れて火にかけ、沸騰させないように加熱する。スープが温まったら春雨を加え、やわらかくなったら器に盛り、残しておいた三つ葉の葉をかざる。
※早めに春雨を入れるとスープを吸ってしまうので最後に加えること。

鶏つくねをアレンジ

# 肉団子と白菜の鍋

味もついているので、
取り分けて後は食べるだけ。
シメにはうどんやごはんを
入れて楽しみたい。

材料／2人分

鶏つくね（P.42参照）
……8個
白菜（ゆでたもの）……1/2個
しめじ……1パック(100g)
豆腐……1/2丁（150g）
A ┌ 鶏つくねのゆで汁
　  │ （または昆布水、市販の鶏ガ
　  │ ラスープ）……1カップ
　  └ 塩……小さじ1
しょうゆ……小さじ2

作り方

1 白菜を巻きすで巻き、3cm長さに切る。しめじは石づきをとって小房に分け、豆腐は6等分に切る。

2 鍋に 1 と鶏つくねを入れ、Aを加えてふたをし、火にかける。沸騰したら火を止める。食べる直前に、弱火で温める。

鶏つくねをアレンジ

## 甘辛揚げ団子

お団子の表面はカリッ、
中はふんわり、たれはトロリ……。
ごはんがすすむ甘辛味です。

材料／2人分
鶏つくね（P.42 参照）
……8個
しょうゆ……50cc
みりん……50cc
水溶き片栗粉（片栗粉小さじ2を水小さじ2で溶いたもの）……適量
揚げ油……100cc
炒りごま……適宜

作り方
1 鍋の深さ1cmくらいまで揚げ油を入れ、180℃まで温める。
2 鶏つくねの水分をキッチンペーパーで拭いて 1 で素揚げし、取り出して油を切っておく。
3 フライパンにしょうゆ、みりんを入れて火にかけ、沸いてきたら水溶き片栗粉を加えて混ぜ合わせ、2 を加えてからめて火を止める。器に盛り、好みで炒りごまをふる。

おかずの素

# 鯛の昆布締め

昆布締めは、刺身の水分が適度に抜け、うまみが出ておいしくなる
一石二鳥の保存方法。1日〜2日おいたところがベストです。
鯛のほかにも、白身の魚全般におすすめ。

### 材料／作りやすい分量
鯛（刺身用のさく）……200g
だし昆布または、日高昆布（刺身の大きさに合わせる）……2枚

### 作り方
1. 昆布は酒少々（分量外）でしめらせたキッチンペーパーなどで表面をさっと拭く。
2. 鯛を昆布の間にはさむ。空気に触れて乾燥しないようにラップでしっかり包んで冷蔵庫で1〜2日昆布締めにする。

> 保存：冷蔵庫で3日。

## Column

### あれも、これも、昆布締めに！

鯛など白身の魚はもちろん、チーズや野菜の昆布締めもおすすめです。たとえば、カマンベールチーズ。ホールのまま、上下を少しつぶすようにして、昆布にはさみます。冷蔵庫で2〜3日おくと、味わいの違うチーズに。間に桜の花の塩漬けを入れても。安価なカマンベールも生まれ変わります。
アスパラガスやにんじんも、さっとゆでて昆布に挟んでおくと、贅沢な1品に。昆布をお皿にして、そのままテーブルへどうぞ。

鯛の昆布締めをアレンジ

## 鯛ごま茶漬け

飲んだ後のシメに欠かせない「鯛茶漬け」も、昆布締めを使うとさらに美味。
たっぷりのすりごまで、コクをプラスしています。

材料／2人分
鯛の昆布締め（P.46参照）
……100g
だし汁（またはほうじ茶）
……1カップ
A ┌ しょうゆ……大さじ2
　├ みりん……大さじ2
　└ すりごま……大さじ1
ごはん……2膳分
薬味（海苔、しそ、わさびなど好みで）……各適宜

作り方
1 昆布締めは刺身のように食べやすい大きさに切る。
2 ボウルにAを入れて混ぜ合わせ、1を15分ほど漬ける。
3 温かいごはんに2と好みの薬味をのせて、最後にだし汁をかける。

鯛の昆布締めをアレンジ

## 鯛のカルパッチョ 梅と柚子こしょう風味

「カルパッチョ」は、昆布締めが活きる料理です。
お刺身用の魚をそのまま使うよりもくさみがなく、味も食感もグレードアップ！

材料／4人分
鯛の昆布締め（P.46 参照）
……200g

A
- 梅肉（梅干しの種を取ってたたく）……大さじ1
- 塩……ひとつまみ
- レモン汁……大さじ1
- 柚子こしょう（または七味唐辛子、練り辛子）…小さじ1/2

ミントの葉（または三つ葉やバジル、紫蘇、貝割れ）……30g
オリーブオイル、ピンクペッパー（あれば）……各適宜

作り方
1. 鯛の昆布締めは、刺身のように食べやすい大きさに切る。
2. ボウルに 1 とAを加えて全体を和える。
3. ミントの葉をちぎり、2 と合わせるように盛りつける。好みでオリーブオイルをかけ、ピンクペッパーを飾る。

※刺身と調味液を合わせた状態で冷蔵庫に入れて数時間、味をなじませてもおいしい。

おかずの素

# 海老と帆立のコンフィ

フランス料理の"コンフィ"は、知恵とうまみの詰まった保存食。
たっぷりのオイルで魚介やきのこ、骨付き肉などを煮る料理です。
今回は海老と帆立をご紹介。どちらも、素材のうまみが加わったオイルまで美味。

## 海老のコンフィ

材料／作りやすい分量
海老（ブラックタイガーなど）
……12尾（約240g）
塩……大さじ1
片栗粉……大さじ3
A ┌ オリーブオイル……300cc
  │ にんにく（薄皮をむいて2〜
  │ 3等分にする）
  │ …2片（約30g）
  │ しょうが……15g
  │ 塩……小さじ1
  │ 白粒こしょう
  │ タイム、ローリエ、
  │ ローズマリー(生)
  └ ……各適宜

作り方
1 海老は、頭をとって殻をむき、背を包丁で開いて背わたを取る。塩をふりかけて全体をもむようにして洗ってから片栗粉をふりかけ、全体に絡めてから洗い流すと臭みがとれる。
2 鍋に、1 とAの材料をすべて入れて弱火にかけ、20〜25分加熱する。海老の色が完全に変わって火が入ればできあがり。
※にんにくの香りをやさしくしたい場合は、牛乳であらかじめゆでておくとよい。

## 帆立のコンフィ

材料／作りやすい分量
帆立……4個
レモン（皮ごとざく切り）……1/2個
オリーブオイル……120cc
塩小さじ……1/2

作り方
1 帆立はよく洗って水けを拭きとる。
2 鍋に 1 とすべての材料を入れて火にかけ、弱火で20分加熱する。
※海老と帆立を一緒に加えて作ることも可能。このほか、牡蠣などでもおすすめ。

保存：粗熱が取れたら保存容器に移して冷蔵庫に入れ、具材が完全に油に浸かった状態で10日。

海老のオイル煮をアレンジ

海老と帆立のオイル煮をアレンジ

# 海老のアヒージョ

耐熱皿に入れて、トースターでグツグツと温めれば、
絶品おつまみのできあがり！ オイルはパンにしみ込ませてどうぞ。

材料／2人分
海老のコンフィ（左ページ参照）……4尾
コンフィのオイル……大さじ4
コンフィのにんにく……2片
玉ねぎ……1/4個
パセリ……適宜

作り方
1️⃣ 玉ねぎはくし形の薄切りにする。パセリはみじん切りにする。
2️⃣ 耐熱皿に1️⃣とすべての材料を入れてグリルまたはオーブントースターで4〜5分焼く。

# 海老と帆立のパエリア風リゾット

おもてなしにも使える、華やかなごはんもの。
風味たっぷりのオイルがいい仕事をしてくれます。

材料／直径20cmのフライパン1枚（5〜6人）分
海老のコンフィ（左ページ参照）……6尾
帆立のコンフィ（左ページ参照）……6個
米 ……1 1/2カップ
コンフィのオイル……大さじ5
A ┌ 塩……小さじ1
　├ 白ワイン……50cc
　└ 水……1カップ
帆立のコンフィのレモン ……適宜
ピーマン（輪切り） ……1個
パセリ（みじん切り）、海老のコンフィのローリエ、
こしょう……各適量

作り方
1️⃣ 米は研がずにさっと洗う。フライパンにコンフィのオイルを入れて火にかけ、米を炒める。透明になってきたらAを加える。沸いてきたらふたをして弱火にし、15分炊く。
2️⃣ 1️⃣のふたをあけて海老と帆立、レモン、ピーマン、ローリエを加えて再びふたをして5分炊く。水分が足りないようなら適宜水を足す。
3️⃣ 仕上げにパセリを散らし、好みでこしょうをふる。

おかずの素

# MYミックスベジタブル 洋風&和風

火を通して下味を付けた野菜がいつも冷蔵庫にあれば、安心しませんか？
ごはんやオムレツに混ぜたり、カレーにしちゃったり。
気軽に野菜補給ができて、味も決まりやすくなります。
洋風ミックスと和風ミックス、両方を作っておくと、アレンジは無限大！

## 洋風ミックスベジタブル

### 材料／作りやすい分量
じゃがいも……大1個
にんじん……1/2本
セロリ（茎の部分）……1本分
ピーマン……1個
赤ピーマン……1個（あれば）
塩……小さじ1
白ワイン……大さじ2
こしょう……適量

### 作り方
1 すべての野菜は、1cm程度の角切りにし、じゃがいも、にんじんは水にさらしておく。
2 フライパンに油（分量外）をひき、ピーマン以外の野菜と塩を入れて火にかけて炒める。ふつふつとしてきたら、白ワインをふりかけてふたをし、5分ほどしっかり火を通す。
3 2にピーマンを加えてさらに炒めたらこしょうで味を調える。

> 保存：保存容器に入れ、冷蔵庫で3日。

## 和風ミックスベジタブル

### 材料／作りやすい分量
ごぼう……1本（100g）
れんこん……70g
にんじん……1本
さつまいも…中1/2本（約80g）
酒……100cc
しょうゆ……大さじ4
みりん……大さじ3
黒砂糖……小さじ1

### 作り方
1 ごぼうは皮をこそぐようにしながら洗い、太めのささがきにして水にさらす。れんこんは皮をむき、2～3mm厚さのいちょう切りにして水にさらす。にんじんは縦4等分にし、2～3mm程度の薄切りにして水にさらす。さつまいもは皮をむき、2cm程度の角切りにする。
2 鍋に酒と1のさつまいも、にんじんを入れて火にかけ、沸いてきたら残りの野菜と、調味料をすべて加えて落としぶたをする。
3 2の煮汁がなくならないように火力を調整しながら15分ほど煮る。

> 保存：保存容器に入れ、冷蔵庫で5日。

洋風ミックスベジタブルをアレンジ

# スパニッシュオムレツ

具だくさんのごちそうオムレツは、
にんじんや赤ピーマンの華やかな色が決め手です。

材料／2人分
洋風ミックスベジタブル（P.53参照）……1 1/2カップ（約170g）
卵……4個
牛乳……大さじ4
オリーブオイル……大さじ1
塩……小さじ1/2
黒こしょう……適量

作り方
1 卵と牛乳、塩、こしょうをボウルに入れてよく混ぜ、洋風ミックスベジタブルを加えて混ぜる。
2 フライパンにオリーブオイルを入れて火にかけ、1を加えたら弱火にしてふたをする。5分焼いたら返して、さらに3〜4分焼く。飾りにピーマンの薄切り、赤ピーマンの輪切り（共に材料外）をのせる。

洋風ミックスベジタブルをアレンジ　　洋風ミックスベジタブルをアレンジ

## 焼きトマトと
## 野菜のスープ

野菜たっぷりのスープが、煮込まず短時間で完成！
トマトの甘みと酸味が、食欲を刺激します。

### 材料／2人分
洋風ミックスベジタブル
（P.53参照）……100g
（カップ約7分目）
トマト（中）……1個
だし汁（鶏のゆで汁でも
よい）……300cc
塩、こしょう……各適量

### 作り方
1. トマトは、皮のまま輪切りにする。鍋に油（分量外）をひいて火にかけ、トマトを入れて焼く。
2. トマトの両面が焼けて汁けが出てきたら、1にだし汁と、洋風ミックスベジタブルを加える。塩、こしょうで味を調える。

## アボカドと野菜の
## ロコモコ風どんぶり

忙しい日の朝食や、簡単なランチに最適な、ワンボウルごはん。
ミックスベジタブルで、野菜もたっぷりとれます！

### 材料／2人分
洋風ミックスベジタブル
（P.53参照）… 1 1/2
カップ（約200g）
卵……2個
アボカド……1個
温かいごはん……2膳分
しょうゆ……大さじ1
黒こしょう……適量

### 作り方
1. ポーチドエッグを作る。鍋に湯を沸かして菜箸で混ぜ、渦状の対流を作る。ボウルに卵を割り入れて鍋の対流にそっと落とし、混ぜる。卵が真ん中に来てまとまったら完成。
2. アボカドは半分に切って種と皮を取り、1cm角に切る。洋風ミックスベジタブルは、軽くフライパンで温める。
3. ごはんを器に盛り、2を盛りつけ、1をのせる。仕上げにしょうゆをたらし、黒こしょうをふる。

和風ミックスベジタブルをアレンジ

# おばあちゃんの混ぜごはん

ほんわかする、素朴な混ぜごはん。お酢を加えることで、
冷めてからも固くなりにくく、お弁当にも適しています。

材料／4人分
和風ミックスベジタブル（P.52
参照）……1カップ（約150g）
温かいごはん……4膳分
酢……小さじ1
海苔……適量

作り方
ボウルにごはんを入れ、和風ミックスベジタブルと酢を加えて混ぜる。仕上げに海苔をちぎって散らす。

和風ミックスベジタブルをアレンジ　　和風ミックスベジタブルをアレンジ

## けんちん汁

材料を鍋に入れて、さっと火にかけるだけで作れる、時短な汁ものです。たくさんの野菜の合わさった、滋味あふれる味わいに。

### 材料／4人分
和風ミックスベジタブル（P.52参照）
……1カップ（約150g）
豆腐…1/2丁（150グラム）
だし…………600cc
薄口しょうゆ……小さじ1
みりん……小さじ1
塩……ひとつまみ

### 作り方
1 豆腐はキッチンペーパーで包んで軽く水分を拭き取り、適当な大きさに手で崩す。
2 鍋に1と塩以外のすべての材料を入れて火にかける。最後に塩で味を調える。好みで三つ葉（材料外）の小口切りを散らす。

## 牛小間と根菜のカレー

和風のカレーを食べたくなったら、ぜひこれをどうぞ。
野菜の甘みと赤ワインのコク、しょうゆの隠し味が、絶妙です。

### 材料／4人分
A ┌ 和風ミックスベジタブル（P.52参照）
　│　……1カップ分（約150g）
　│ 牛小間切れ肉……150g
　│ 赤ワイン（または白ワイン、日本酒）
　└　……50cc
カレー粉……大さじ2
ガラムマサラ（またはクミンパウダーなど）
……小さじ1/2
温かいごはん、削り節
……各適量

### 作り方
1 鍋にAの材料をすべて入れて火にかけ、沸いてきたら弱火にしてカレー粉とガラムマサラを加えて全体を炒め合わせる（カレー粉を入れた後は、焦げやすくなるので注意）。
2 1にとろみが出てきたら火を止める。水分が足りなくなったら、赤ワインを少し加えるとよい。ごはんと共に器に盛り、削り節をかける。

おかずの素

# 大人のトマトソース

にんにくもオリーブオイルも入らない、
ほぼトマトだけで作る、本当にシンプルなトマトソース。
トマトのうまみを強く感じる濃密さが魅力です。
ハーブやスパイスは、使うときにお好みで足してください。

材料／作りやすい分量
トマト（中）……4個
トマトの水煮缶……2缶
塩……小さじ2
砂糖……小さじ1

作り方
1 トマトはヘタをとり、十字に切り目を入れる。ヘタ側を下にして、グリルかオーブントースターで5分焼いて皮をむく。

2 鍋に1とトマトの水煮、調味料を入れて火にかけ、沸いてきたら弱火にして焦げつかないようにときどき混ぜながら40分ほど加熱する。全体の分量が、2/3量程度になるまで煮詰める。

保存：冷蔵庫で4日。冷凍保存用ビニール袋に入れ、空気を抜いて冷凍すれば1ヶ月。

## 野菜を感じるラタトゥイユ

大人のトマトソースをアレンジ

はじめに野菜を素揚げして水分を閉じ込め、トマトソースで和えるだけ。
煮込まないラタトゥイユなので、野菜の味をしっかり感じられます。
野菜は、材料の順番通りに揚げるのがコツ。

### 材料／作りやすい分量

A
- 大人のトマトソース（左ページ参照）……1 1/2カップ
- 塩……小さじ1
- 白ワイン……大さじ3

- かぼちゃ……150g
- にんじん……1/2本
- ズッキーニ……1本
- ピーマン……2個
- なす……中2本
- 玉ねぎ……1個
- きゅうり……1本
- バルサミコ酢（なければ酢）……小さじ2
- 揚げ油……適量

### 作り方

1. かぼちゃは、6〜7cm厚さの3×3cm程度に切る。にんじんは約3cmの乱切りにし、ズッキーニは7mm幅の輪切り、ピーマンは半分に切って種をとり、4等分くらいにする。なすは、ヘタをとって7mm程度の輪切りにし、玉ねぎはくし形の縦6等分して横半分に切る。きゅうりは7mm程度の輪切りにする。

2. 鍋に油を入れて180℃に加熱する（菜箸を入れたらすぐに一斉に細かい気泡がまとわりつくような状態）。

3. 1の野菜を切った順に素揚げする。途中、温度が下がったら再び180℃になるのを確認しながら揚げていく。キッチンペーパーや網で油を切る。

4. 鍋に3の素揚げした野菜とAを入れて火にかけ、ときどき混ぜながら温める。全体にトマトソースがからまったら、仕上げにバルサミコ酢を加える。

**保存**：冷蔵庫で3日。2日目頃に再加熱すれば5日。冷凍保存用ビニール袋に入れ、空気を抜いて冷凍すれば2週間。

大人のトマトソースをアレンジ

# 煮込まない昭和のミートソース

おいしいトマトソースが決め手の、懐かしい味のミートソース。
ゆでたスパゲッティにかけるのではなく、
しっかりからめてから盛りつけてください。

材料／2～3人分
大人のトマトソース（P.58参照）
……カップ1
玉ねぎ……1/2個
塩……小さじ1
ひき肉（合いびき）……200g
赤ワイン（白ワインまたは、ラムや酒でもよい）……大さじ2
ナツメグ（あれば）
……小さじ1/6
黒こしょう……適量
スパゲッティ……200g

作り方
1 玉ねぎは粗みじん切りにする。フライパンに油をひき、玉ねぎと塩を入れてから火にかけて炒める。ひき肉を加えて、肉の色が変わって火が入るまで炒める。

2 1にトマトソース、赤ワインを加えて沸いたら、ナツメグ、黒こしょうを加える。

3 表示時間より1～2分短くゆでたスパゲッティを2の鍋に加えてソースをからめる。味をみて足りなければ、塩（分量外）で調える。仕上げにパルミジャーノ・レッジャーノとバジル（共に材料外）を添える。

# グリル野菜 トマトソース添え

**大人のトマトソースをアレンジ**

野菜をいっぱい食べたい日に作る、大胆な野菜料理。
濃厚なトマトソースをたっぷりつけて、ジューシーな甘みを味わいます。

材料／2人分
- 大人のトマトソース（P.58参照）……1カップ
- じゃがいも（メークイーンなど煮くずれないもの）……1個
- 玉ねぎ……中2個
- チコリ……1個
- 米なす……1個
- ピーマン……2個
- オリーブオイル……適量

作り方
1. じゃがいもは、皮ごとラップでくるんで電子レンジで3〜4分加熱し（または、水から10分ゆでる）、皮をむいてアルミ箔でしっかりと包む。玉ねぎは薄皮をむいて半分に切り、チコリも半分に切り、ピーマンは丸ごと、それぞれアルミ箔で包む。米なすは、1.5cm幅の輪切りにし、オリーブオイルをかける。
2. 天板に1を並べ、200℃に設定したオーブンで予熱なしで30分ほど焼く。
3. 2が焼き上がったら器に盛り、トマトソースをたっぷり添える。

Column

## サラダ野菜をおいしく食べるには？

　おいしいサラダを作るのは意外に難しいな、と感じます。サラダ用の葉野菜を洗ってすぐに使ったら、水切りがきちんとできていなくて、味が決まらなかった…という経験がある方も多いのでは？

　サラダにはちょっとしたコツがいくつもありますが、中でもいちばん大切なのが、野菜の水気のコントロールです。そこで、どんな献立にも合わせやすいグリーンサラダになる葉野菜は、洗って水を切ったら、キッチンペーパーに包んで冷蔵保存しておくのがオススメです。ピーマンやゴーヤなど、切っておいても色が変わらない野菜も、同じ方法で保存しておくと楽ちんです。

　適度に水分も切れて、かといって元気も損なわれず、すぐに使えて一石三鳥。大きめの保存容器にギューギューではなく、少し余裕を持って入れておくのがコツです。

　食べるときに、必要ならちぎって、お気に入りのおいしいオイルと、お酢やレモンがあれば、もう完成、つけ合わせにも大活躍。ボウルにいっぱい入れて、テーブルでレモンとオリーブオイルをかけるだけのグリーンサラダは、うちの定番です。

### フレンチドレッシング

材料／作りやすい分量
レモン汁…大さじ2、粒マスタード…大さじ1、はちみつまたはメープルシロップ…小さじ2、オリーブオイル…大さじ3

作り方
すべてを合わせて、よく混ぜる。

> 保存：冷蔵庫で1週間。

### 和風ドレッシング

材料／作りやすい分量
醸造酢（米酢など）…大さじ1、しょうゆ…小さじ1、ごま油…大さじ2、海苔…1枚（手でもむ）

作り方
海苔以外の材料をボウルに入れよく混ぜ、使う直前に海苔を加える。

> 保存：海苔を入れない状態で、冷蔵庫で10日。

### まるごとにんじん＆キウイドレッシング

材料／作りやすい分量
にんじん…1/2本、キウイ…1個、レモン汁…大さじ1、塩…小さじ1、オリーブオイル…大さじ3

作り方
にんじんとキウイは皮をむいてすりおろす。その他の調味料をすべて加え、よく混ぜる。

> 保存：冷蔵庫で2日。

ベビーリーフなど葉物野菜は、洗って、ざるにあげて水を切ったら、キッチンペーパーにそっと包み、保存容器に入れておく。このとき、ふんわりと余裕を持たせるのが大事。ぎゅうぎゅうに詰め込まない。ズッキーニやピーマン、にんじんも、好きな大きさに切ってキッチンペーパーに包んで保存容器に。保存は、冷蔵庫で2日。

## おかずの素

# 青菜の塩もみ

あくが抜けておいしくなり、かさが減るからたくさん食べられる！
「塩もみ」は、ぜひマスターしたい便利な調理法です。

### 基本の塩もみ

余分な水分が出ないので水っぽくならず、味も決まりやすくなります。野菜は、2〜4％くらいの少し強めの塩をして、水分を出しておきます。後で塩は洗い流すので、塩味が強くなりすぎる心配はありません。足りないと失敗するのでしっかり目に。

### 春菊、小松菜など葉ものの塩もみ

材料
好みの葉野菜……1把（約200g）
塩……小さじ1強

作り方
葉の部分と茎に分ける。葉は2〜3cmのざく切りに。茎は5mmくらいの細い小口切りにする。
1に塩をふりかけ、15分ほどおく。水分が出てきたら流水を全体に流してざるにあげ、さらし（または、2重にしたキッチンペーパー）に包んでしっかり絞る。

保存：濡らしたさらしやペーパーに包み、保存容器に入れて、冷蔵庫で2日。

# 青菜の和えもの2種

副菜の定番、青菜の和えものを作りましょう。
塩もみ青菜があれば、ゆでるよりも気軽に作れます！

### 春菊の白和え
材料／2人分
春菊の塩もみ（左ページ参照）……約1把分（100g）
豆腐……1/2丁（約150g）
干ししいたけ（戻したもの）……1枚
A ┌ くるみ……20粒　黒砂糖……大さじ1
　└ すりごま……大さじ1　味噌……大さじ1

作り方
1. 豆腐はキッチンペーパーなどに包み、ざるにおいて10分ほど水切りする。しいたけは石づきを取り除き、薄切りにする。くるみを包丁で刻む。
2. Aをボウルに入れて全体を混ぜる。
3. 2に1の残りと春菊を加えて和える。

### 小松菜のピリ辛和え
材料
小松菜の塩もみ（左ページ参照）……100g
豆板醤……小さじ1/2　しょうゆ……大さじ1
酢……小さじ2　ラー油……適宜

作り方
1. すべての材料をボウルに入れてよく和える。

# 春菊とカッテージチーズのワンタン

野菜たっぷりのワンタンスープも、塩もみがあれば即完成です。
昆布を浸けておいただけのだしが、とまらないおいしさの秘密。

材料／4人分
春菊の塩もみ（左ページ参照）……200g
※小松菜の塩もみと合わせてもよい
カッテージチーズ……100g
ワンタンの皮……20枚
A ┌ 昆布水（または、鶏のゆで汁か一番だし）500cc
　│ 塩……小さじ1
　│ 薄口しょうゆ……小さじ2
　│ ごま油……小さじ1
　└ 黒こしょう……適量

作り方
1. 春菊の塩もみとカッテージチーズを合わせてよく混ぜる。
2. ワンタンの皮に1を適量ずつ包む。
3. Aを鍋に入れ、沸いてきたら2を加える。ワンタンが浮かび、皮の表面がしんなりしてきたらこしょうをふり、汁ごと器に盛る。茎の小口切りを散らす。

おかずの素

# 薄切り野菜の塩もみ

きゅうりやセロリなど、生でも食べられる野菜も、
塩もみをすることで日持ちがよくなり、
味と食感もこなれてきます。

材料
きゅうり……2本（約200g）
　　＋塩小さじ1
ゴーヤ……1本（約200g）
　　＋塩小さじ1/2〜1
セロリ……1本（約150g）
　　＋塩小さじ1/2〜1
かぶ……2個（約200g）
　　＋塩小さじ1/2〜1

作り方
1 野菜は薄切りする。塩を全体にからめ、10分くらいおく。水分が出てきたら流水で全体を流してざるにあげ、さらし（または2重にしたキッチンペーパー）に包んでしっかり絞る。

保存：濡らしたさらしやキッチンペーパーに包み、保存容器に入れて、冷蔵庫で2日。

薄切り野菜の塩もみをアレンジ　　薄切り野菜の塩もみをアレンジ

## かぶときゅうりの和えもの

水分が適度に抜けたかぶときゅうりのシャキシャキ食感に、
キウイの爽やかな酸味とミントの香りを合わせました。

**材料／4人分**
きゅうりの塩もみ
(左ページ参照)
…きゅうり3本分
かぶの塩もみ
(左ページ参照)
……かぶ2個分
キウイ……1個
ミントの葉（ちぎる）
……適宜
酢……大さじ1
しょうゆ……少々

**作り方**
1. キウイは皮をむいて縦4等分し、薄切りにする。
2. 1と他のすべての材料をボウルに入れて全体をよく和える。

## セロリとりんごのパルミジャーノ和え

こちらもシャキシャキとした食感を楽しむ和えもの。
パルミジャーノのコクと、レモンの酸味がポイントです。

**材料／4人分**
セロリの塩もみ
(左ページ参照)……70g
りんご……1/2個
パルミジャーノ・レッジャーノ（すりおろす）
……約30g
レモン汁……小さじ1

**作り方**
1. りんごは、皮をむいて4等分のくし型にし、芯を取って薄切りにする。
2. 1と他の材料をすべてボウルに入れてよく和える。

おかずの素

# 千切り野菜の塩もみ

フライの添えものや、なますでおなじみの千切り野菜ですが、
塩もみをしておくことで、うまみ凝縮＆使いやすさアップ効果が。
意外にたくさん食べられるので、多めに作っておくのもおすすめです。

材料／作りやすい分量
キャベツ……1/4個（約200g）
大根……200g
にんじん……2本（約200g）
塩…それぞれの野菜に各小さじ1弱

作り方
1 野菜は千切りにする（スライサーを使うとよい）。塩を全体にからめ、10分くらいおく。水分が出てきたら流水で全体を流してざるにあげ、さらし（または2重にしたキッチンペーパー）に包んでしっかり絞る。

保存：濡らしたさらしやペーパーに包み、保存容器に入れて、冷蔵庫で2日。大根は色が変わりやすいため、丸1日くらいで使い切ること。

千切り野菜の塩もみをアレンジ

千切り野菜の塩もみをアレンジ

## 千切りサラダ2種

彩り豊かなサラダ2種をご紹介。
調味料とさっと和えるだけで、おしゃれデリが完成します。

### ココナッツ風味のコールスロー
#### 材料／2～3人分
キャベツの塩もみ（左ページ参照）……1/4個分
紫キャベツの塩もみ（左ページ参照）……1/4個分
レーズン……30粒　レモン汁……大さじ2
ココナッツオイル（または、オリーブオイル）…大さじ1
ココナッツロング……10g

#### 作り方
1. 干しぶどうは、レモン汁を合わせて5分ほどおく。
2. ボウルに1とすべての材料を入れてよく和える。

※冷蔵庫で30分ほどおくと味がよりなじむ。
※キャベツと紫キャベツは合わせて塩もみしてよい。

### にんじんの和風ラペ
#### 材料／2～3人分
にんじんの塩もみ（左ページ参照）……2本分
レモン汁……大さじ1
すりごま……大さじ3
塩……適宜

#### 作り方
1. ボウルに塩以外のすべての材料を入れて和え、味をみて足りなければ塩で調える。

## 千切り野菜のにゅうめん

温かいそうめんにからめながら食べる千切り野菜は、
食べ応えもあって、寒い季節にぴったり。

#### 材料／1人分
にんじんの塩もみ（左ページ参照）……約30g
キャベツの塩もみ（左ページ参照）……約30g
大根の塩もみ（左ページ参照）……約30g
そうめん……1束
だし汁……150cc
塩……小さじ1/2
薄口しょうゆ……小さじ1

#### 作り方
1. そうめんは、表示通りにゆでたら、流水でよくもんでざるにあげる。
2. 鍋にだし汁と、塩、しょうゆ、野菜の塩もみを入れて火にかけ、温まったら1を加えて軽く火を通して器に盛る。

おかずの素

# おつまみバターあれこれ

明太子やツナをバターに混ぜて、料理にちょっとプラスするといつもとひと味違う一皿に。
ごはんに混ぜたり、トーストにのせたり、肉や魚を焼いたり…。
野菜炒めや、蒸し野菜などにもよく合います。

## パセリバター

材料／作りやすい分量
パセリ……（みじん切り）20g
バター……50g
作り方
1 フライパンを弱火にかけ、パセリとバターを入れて炒め、バターを溶かす。
2 バターが全体にまわったら、火を止める。保存容器に移し、粗熱をとる。パセリが下に沈みやすいので、全体を一度、混ぜてから冷ます。

保存：冷蔵庫で7日。

## 明太バター

材料／作りやすい分量
辛子明太子……100g
バター……50g
作り方
1 辛子明太子は、腹に切り目を入れ皮を取る。
2 フライパンに油少々（分量外）をひき、弱火にかけて 1 を入れ、水分を飛ばすように炒める。
3 全体が焼けてうすい桃色に変わったら、バターを加えて溶かす。焦がさないように注意し、溶けたら火を止めて保存容器に入れ冷ます。

保存：冷蔵庫で10日。

## ツナバター

材料／作りやすい分量
ツナのオイル漬け缶詰
……100g（大缶1個正味分）
玉ねぎ……1/2個
バター……100g
黒こしょう……適量
作り方
1 ツナは油を切り、玉ねぎは粗みじん切りにする。
2 フライパンにツナと玉ねぎを入れて火にかけ、水分を飛ばすように炒める。玉ねぎが透明になってきたらバターを加えて溶かす。
3 2 を焦がさないように注意し、バターが全体にまわったら火を止めて、こしょうをふる。保存容器に入れて冷ます。

保存：冷蔵庫で10日。

明太バターをアレンジ　　ツナバターとパセリバターをアレンジ

## 明太キャベツ炒め

うまみたっぷりの明太子がたっぷりからんだキャベツ炒め。
なぜだかごはんがすすむ味で、世代を問わず愛されます。

#### 材料／2人分
明太バター（左ページ参照）……大さじ2
キャベツ……1/4個
サラダ油……適量

#### 作り方
1　キャベツは、食べやすい大きさにちぎる。
2　フライパンにサラダ油少々をひき、火にかけてキャベツを入れて炒める。しんなりしてきたら、明太バターを加えて全体に絡める。

## ツナとパセリのピラフ

ごはんを炊くときに、ツナバターとパセリバターを加えるだけ！
なのに、仕上がりのコクと香りは手の込んだ料理のよう…。

#### 材料／4人分
ツナバター（左ページ参照）……30g
パセリバター（左ページ参照）……10g
米……2合

#### 作り方
1　米は研いでおく。
2　炊飯器に1を入れて分量通りの水を加える。ツナバターとパセリバターを加えて、普通モードで炊く。

おかずの素

# 玉ねぎホワイトソース

玉ねぎを炒めてから小麦粉を入れることで、
ダマになりにくく、作りやすい簡単なホワイトソースです。
この分量で約2カップ分作れるので、
家族の多い方は倍量で作っても。

材料／作りやすい分量
- 玉ねぎ……大1/2個
- バター……50g
- 小麦粉……大さじ4
- 牛乳……300cc
- 塩……小さじ1
- オリーブオイル……適量

作り方

**1** 玉ねぎを薄切りにする。フライパンにオリーブオイルをひき、玉ねぎを入れてから中火にかけて炒める。玉ねぎが透明になってきたら弱火にしてバターを加える。

**2** **1**のバターが溶けてきたら小麦粉を加えて全体をからめるように炒め、牛乳を加えて軽く混ぜ合わせる。混ぜながら3〜4分煮て、なめらかになったら塩で味を調え、火を止める。

保存：冷蔵庫で2日、冷凍庫で2週間保存可能。

玉ねぎホワイトソースをアレンジ

## 煮込まない豆乳シチュー

ホワイトソースをベースに、豆乳も加えたシチュー。
豆乳は沸騰させると分離してしまうので、火加減に気を付けて。

材料／3～4人分
玉ねぎホワイトソース（左ページ参照）……1カップ
じゃがいも……2個
にんじん……1本
しめじ……1パック
豆乳……1 1/2カップ
牛乳……1/2カップ
塩、こしょう……各適量

作り方
1 じゃがいも、にんじんは、鍋で水からゆでるか電子レンジで加熱して中までやわらかくする。しめじは小房に分ける。
2 鍋に1とすべての材料を入れて火にかける。沸騰させないように様子を見ながら温め、最後に塩とこしょうで味を調える。好みでハーブ（タイムなど）を添えてもよい。

玉ねぎホワイトソースをアレンジ

## 冷やごはんでシンプルドリア

洋風のおかずの日に、一緒に食べたいドリア。
玉ねぎの甘みとチーズのコクがたまりません。

材料／2人分
玉ねぎホワイトソース（左ページ参照）……1/2カップ
ごはん（冷やごはんでもよい）……2膳分
溶けるチーズ……50g
塩……小さじ1/2
ピーマン（輪切り）……5切れ
ブラックオリーブ（薄切り）……適量

作り方
1 ボウルにごはんとホワイトソース、チーズの半量、塩を入れて混ぜる。耐熱皿に移し、残りのチーズを散らす。
2 1を魚焼きグリルかオーブントースターで6～7分焼く。
3 ごはんが温まってチーズに焼き色がついたら取り出し、ピーマンとオリーブを飾る。

おかずの素

# 万能玉ねぎ

玉ねぎを調味料に漬けておく「万能玉ねぎ」は、その名の通りの万能アイテム。
簡単に甘み、香り、歯ざわりを加えることができます。
野菜のサラダにかけたり、焼き魚に添えても美味。

**万能玉ねぎをアレンジ**

## 和風万能玉ねぎで
## ローストビーフ

さっと焼いた牛肉を酢じょうゆ味でマリネ。
甘み、酸味、コクがからみ合うごちそうです。

材料／4人分
和風万能玉ねぎ
- 玉ねぎ……1個
- しょうゆ……50cc
- 酢……50cc

牛かたまり肉（ヒレ、ロース、ランプなど好みの部位）……500g
塩……小さじ1/2
しょうが……ひとかけ
パセリ（みじん切り）……適宜

作り方
1. 和風万能玉ねぎを作る。玉ねぎは、くし形に4等分してから薄切りする。しょうがは千切りにする。
2. 鍋に 1 としょうゆ、酢を入れて中火にかけ、沸いたら火を止めてそのまま冷ます。
3. 牛肉は室温に戻しておき、塩を全体にまぶす。
4. 和風万能玉ねぎを混ぜ、保存容器に入れる。
5. フライパンに油（分量外）をひき、 3 をのせて火にかけ、表面を焼く。両面約1cm厚さくらいが色が変わる状態まで焼く。
6. 5 がまだ熱いうちに 4 に入れ、肉の上に玉ねぎをかぶせるようにして、2～3時間冷蔵庫に入れて味をなじませる。食べやすい大きさに切り、器に玉ねぎと一緒に盛りつける。好みでパセリを添える。

**保存**：万能玉ねぎだけなら、冷蔵庫で1週間。ローストビーフは冷蔵庫で4日。

万能玉ねぎをアレンジ

## 洋風万能玉ねぎで
## 生ハムとケイパーのサラダ

みじん切りの玉ねぎを酢と塩でさっぱり漬けた「洋風万能玉ねぎ」は、
何にふりかけてもおいしさアップ！ 紫玉ねぎを使うと、さらに色がキレイです。

材料／2人分
洋風万能玉ねぎ（作りやすい分量）
　┌ 玉ねぎ……1個
　│ 酢……大さじ3
　└ 塩……小さじ1
生ハム……50g
洋風万能玉ねぎ（上記参照）
……1/2カップ
ケイパー（酢漬け）……20粒

作り方
1 洋風万能玉ねぎを作る。玉ねぎは粗いみじん切りにする。湯を沸かし、玉ねぎをさっとゆでてざるにあげ、キッチンペーパーで絞る。
2 保存容器に酢と塩を入れる。1が温かいうちに加え、全体をよく混ぜ合わせる。
3 生ハムは食べやすい大きさに切る。
4 2 と 3、ケイパーをすべて混ぜ合わせる。

保存：冷蔵庫で1週間

Column

# 作りおき&アレンジで、ラクラクお弁当

この本に出てくるレシピをコーディネイトすれば、
彩り豊かなお弁当もお手のもの!
食べる人とシチュエーション別に4つのランチをご紹介。

## 大人女子のベジ系弁当

ヘルシーな食材をたっぷり使った女子向けランチ。
朝の仕事は、油揚げにごはんを詰めること、ゆで卵、ちょっと炒めものを作るだけ。

- ●おいなりさん(温かいごはんに黒ごまとP.110のひじき煮を混ぜ、P.111のお揚げ煮に詰める)
- ●さつまいものレモン煮(P.99) ●みょうがの甘酢漬け(P.93)
- ●にんじんと絹さや(好きな型で抜いたにんじんを水からゆで、沸いてきたら筋をとった絹さやを入れてさっとゆでる。にんじんは約10分ゆでる)
- ●ゆで卵の味噌風味(P.28の味噌床をゆで卵にまぶす)
- ●しいたけのこっくり甘辛煮(P.110)
- ●ひじきと油揚げの炊いたん(P.110) ●和風ミックスベジタブル(P.52)

## 大人男子のボリューム弁当

食べごたえのあるおかずをメインにしながら、野菜もたっぷり。
午後に向かってエネルギーチャージできる、バランス弁当です。

- 春菊おにぎり（P.64の塩もみを刻んで混ぜ込む）
- 手羽中のさっぱり酢じょうゆ煮（P.33）
- ココナッツ風味のコールスロー（P.69）
- スパニッシュオムレツ（P.54）
- 塩トマト（P.104）
- ゆで野菜（P.98を参照して、じゃがいもとにんじんを塩ゆでしておく）

77

## 子どものためのカラフル弁当

幼稚園や小学校のお弁当は、かわいく作れば食べる気もがぜんアップ！
肉そぼろのストックを活用すれば、あっという間に完成です。

● 肉そぼろごはん（P.37 の洋風肉そぼろにエディブルフラワー、ゆでたさやいんげん）
● 炒り卵ごはん（卵1個に砂糖、塩、牛乳各適量を加えて炒める）
● ゆでブロッコリー（鍋に3cm程度の水を入れて沸かし、小房にしたブロッコリーを入れ、ふたをして1分たったら火を止めてそのまま冷やす）
● フルーツ（ピンクグレープフルーツ、ブルーベリーなどお好みで）

## ピクニックのサンドウィッチ弁当

お弁当持って公園に行こう、なんて日にはサンドウィッチが最適。
作りおきおかずをおいしいパンにはさむだけで、ランチタイムが特別な時間に。

●ズッキーニの卵とじのサンドウィッチ（薄切りのズッキーニをさっと炒め、塩を加えた溶き卵を入れまとめ、パンにはさむ）
●ハーブローストポークのサンドウィッチ（P.26と葉野菜、チーズをパンにはさむ）
●にんじんの和風ラペ（P.69） ●プチトマト

Column

## こまった時に助けてくれるスパイス＆食材たち

　ちょっと足すと、いつもの味が別の表情になるスパイスや食材は、作りおきアレンジの強い味方だと思います。例えば、カレー粉。最近はこだわりのものから昔ながらのシンプルなものまでいろいろあります。私もお気に入りを常備していて、カレー味にするときに使うだけでなく、ほんのりと香る程度の隠し味に使ったりしています。

　スパイス類は揃える楽しみもありますが、まずは複合スパイスを手に入れると便利です。ピクルス用のスパイスが合わせてあるピクリングスパイスや、エルブ・ド・プロヴァンスのようにバジルやタイムが合わせてあるもの、エスニックな雰囲気のガラムマサラなどが万能。あとはタイムやローズマリーなど守備範囲が広く、わかりやすいものを1本。そして、おもてなしにも便利なのでピンクペッパーもおすすめです。

　常備食材としては、実山椒やぶぶあられ（お茶漬け用のごく小さいあられ）、とろろ昆布が欠かせません。トッピングや和えものに使うと、ぐっと丁寧なおかず風になります。

　大豆など豆の水煮、オイルサーディン、ツナ缶や帆立缶などの定番缶詰も、あともう一品という時に助かります。これに実山椒を散らしたり、とろろ昆布と和えたり、おいしい調味料をプラスするだけでちょっとした一品になります。またトマト缶は残りものをささっと煮合わせたり、カレーに加えたり、作りおきのお肉をがらっと変身させるのにもとても便利です。ふと時間ができたときに煮詰めておけばおいしいトマトソースにも。

　作りおきを始めたら、そこにちょっとプラスして、いろんな変化球も楽しんで下さい。

# Part.3

## 漬けておく、ゆでておく

料理の材料を買ってきたら、まずはひと仕事。
マリネ液や麺つゆに「漬けておく」ことや、
さっと「ゆでて」から保存することで、
おいしさが長持ちします。
ストックしたものが冷蔵庫にあれば、
調理時間もぐっと短縮できます！

## マリネ液に漬けておく

いろいろな素材も漬けておくだけで、味がしみこんでおいしくなる。
「基本のマリネ液」を覚えておけば、マリネもピクルスも自由自在！

## 基本のマリネ液

ベースとなるマリネ液です。少し甘くしたい場合は、メープルシロップか
はちみつを大さじ2程度加えると甘みをプラスできます。
分量のハーブとスパイスの代わりに「ピクリングスパイス」(P.80参照)を入れても風味が増します。

### 材料
酢(米酢、白ワインビネガーなどの醸造酢)……200cc
白ワイン……100cc
昆布水(または水)……100cc
塩……小さじ1
白粒こしょう……5〜6個
ローズマリー、タイム、フェンネルシード……各適量

### 作り方
1. 白粒こしょうは、まな板の上にのせてナイフの柄やすりこぎの先で押し潰す(細かく挽くのではなく潰すと香りがよい)。
2. すべての材料を鍋に入れて火にかけ、沸いたら火を止めてそのまま冷ます。

---

**基本のマリネ液をアレンジ**

## いかと玉ねぎ、パプリカのレモンマリネ

前菜やおつまみに大活躍するカラフルなマリネ。
レモンやケイパーを使って、酸味をしっかりと。

### 材料
基本のマリネ液(上記参照)……150cc
いか……1ぱい(約250g)
玉ねぎ……1/2個
パプリカ……1個
レモン(できれば国産のノーワックス)……1個
ケイパー……適量
タイム(あれば)……1〜2本
バター……10g

### 作り方
1. いかは、げそと胴体に分け、胴体は皮をとって輪切りにし、げそは内臓を除いて足部分は先端を落として吸盤を切り取る。玉ねぎは繊維に沿って薄切りにし、パプリカは千切りにする。レモンの半分は絞ってレモン汁をとり、残りは輪切りにする。
2. 鍋にマリネ液とレモン汁、ケイパー、タイムを加えて火にかけて温めたら火を止める。
3. フライパンにバターを入れて火にかける。溶けてきたら、いかを加えて色が変わるまで軽く炒め、熱いうちに2に漬ける。同じフライパンで玉ねぎも炒めて2に加える。パプリカと輪切りのレモンも加えて粗熱をとり、保存容器に移す。冷蔵庫で2〜3時間おいてなじませる。

**保存**:冷蔵庫で3日

基本のマリネ液をアレンジ

# たことバジルのマリネ

バジルの香りが爽やかに広がる一品。
セロリのシャキシャキ感がいいアクセントに。

### 材料
基本のマリネ液（P.83参照）
……150cc
ゆでだこ……150g
セロリ……1本

A
- バジルの葉……30g
- 大葉……10枚
- くるみ（または松の実）…20g
- オリーブオイル　50cc

### 作り方
1 Aの材料をミキサーまたはフードプロセッサーにで撹拌する（または、細かく刻んでオリーブオイルと混ぜる）。
2 たこを薄切りにする。セロリは筋をとって5mmくらいの薄切りにし、葉はざく切りにする。
3 1、2、マリネ液をボウルに入れて混ぜ合わせる。器に盛り、好みでバジル（分量外）を散らす。
※冷蔵庫で3時間くらいなじませるとおいしい。

保存：冷蔵庫で2日

基本のマリネ液をアレンジ

# 野菜のピクルスと豆のピクルス

もう一品ほしいな、という時や、メイン料理の付け合わせに。
どちらも1日以上漬けたほうが、味がしみ込んでよりおいしくなります。

**野菜のピクルス**

材料／作りやすい分量
基本のマリネ液（P.83参照）
……400cc
きゅうり……1本
カリフラワー……1/4個
にんじん……1本
メープルシロップ（または、はちみつ）……約大さじ2

作り方
1. きゅうりは長さを3等分し、縦に切って種をスプーンで取り除く。カリフラワーは小房にわけ、にんじんは皮をむき、きゅうりと同じ長さに切る。
2. 鍋に湯を沸かし、きゅうりをさっとゆがき、ざるにあげて水気を切る。にんじんとカリフラワーは、1～2分ゆでて同様にざるにあげる。
3. 鍋にマリネ液とメープルシロップを入れて火にかける。温まったら保存容器に移して2をすべて加える。

**豆のピクルス**

材料／作りやすい分量
基本のマリネ液（P.83参照）
……300cc
ゆでひよこ豆（大豆やキドニービーンズでもよい）……200g
粒マスタード……大さじ2

作り方
1. ゆでひよこ豆をざるに入れ、熱湯を回しかけ、水気を切っておく。
2. 鍋にマリネ液と1を入れて火にかける。温まったら保存容器に移して粒マスタードを加えて混ぜ合わせる。

保存：共に冷蔵庫で5日

## 麺つゆに漬けておく

だしの風味がしっかり味わえる、山脇家の定番麺つゆをご紹介。
豆腐や野菜にかけるだけでも、料理の味がレベルアップします！

## 基本の麺つゆ

市販品に頼らなくても、ちょっとの手間で麺つゆは作れます。
無添加、化学調味料もなくて安心だし、
冷凍保存もできる便利なすぐれもの。ぜひ活用してください。

### 材料／作りやすい分量
昆布とかつおのだし（またはP.18の好みのだし）……400cc
しょうゆ……100cc
みりん……100〜110cc

### 作り方
1 鍋にすべての材料を入れて中火にかけ、ふつふつと沸いてきたら火を止めてそのまま冷ます。瓶などに入れて冷蔵、冷凍する。

> **保存**：冷蔵庫で5日、冷凍庫で1か月。
> ※冷凍する場合は1回分ずつ小分けにするとよい。
> ※カチカチには固まらないので、冷凍庫から出して5〜6分で使える。

---

**基本の麺つゆをアレンジ**

## 焼きなすと万願寺、ししとうの焼き浸し

焼きなすにしっかり浸みたおだしが、
口の中でじゅわっ。うまみたっぷりです。

### 材料／2人分
基本の麺つゆ（上記参照）……200cc
なす（あれば長なす）……3本
しょうがのすりおろし……小さじ2
万願寺唐辛子……6本
ししとう……6本

### 作り方
1 保存容器に麺つゆとしょうがのすりおろしを加えて混ぜ合わせておく。
2 なすは皮ごと魚焼きグリルで約10分焼く。皮がはじけて焦げたら取り出し、熱いうちに皮をむき、1に浸す。
3 万願寺唐辛子とししとうも同様に魚焼きグリルで5〜6分焼いて熱いうちに1に加える。※冷蔵庫で2時間〜1日程度なじませた方がおいしい。好みでピーマンや厚揚げなどを浸してもおいしい。

基本の麺つゆをアレンジ

## 長いもときゅうり、トマトの冷菜

作っておいて、冷蔵庫でおいておくほどおいしくなる！
華やかな色合いは、お客様にも喜ばれます。

### 材料／4人分
基本の麺つゆ（P.87参照）
……1カップ
長いも……150g
きゅうり……1本
ミニトマト……4個

### 作り方
1. 長いもは皮をむき、スライサーで千切りにする。きゅうりも千切りにし、ミニトマトはヘタと種をとって1cm角に切る。
2. 器に長いも、きゅうり、トマトの順に重ねて盛りつけ、麺つゆを注いで冷蔵庫で30分なじませる。
※2時間くらいなじませるとよりおいしい。

基本の麺つゆをアレンジ

## ぶりの南蛮漬け

切り身で作るので簡単。
次の日も味がなじんでまた別のおいしさに。

材料／4人分
基本の麺つゆ（P.87参照）
……1カップ
ぶりの切り身……4切れ（約400g）
塩……小さじ2
玉ねぎ……1/2個
片栗粉……1/2カップ
酢……50cc
鷹の爪（赤唐辛子）……適宜
揚げ油……適量

作り方
1 ぶりは1切れを半分に切って全体に塩をふり、10分ほどおく。水分が出てきたらキッチンペーパーで拭きとる。
2 揚げ油を180℃に熱し、片栗粉をまぶした1を揚げて油を切っておく。
3 玉ねぎは繊維に沿って薄切りにする。ボウルに麺つゆと酢を入れて混ぜ合わせ、保存容器に移して鷹の爪と玉ねぎを漬ける。
4 2を3に加え、冷蔵庫で2時間～1晩くらいおく。

## みりんしょうゆに漬けておく

みりんとしょうゆを1:1で混ぜればできる、万能和風調味料。
刺身用のまぐろを漬ければ、まぐろのづけのできあがり!
お刺身が余ったときにも重宝します。白身の魚で作っても美味。

# 基本のみりんしょうゆ

しょうゆのコクと香りに、みりんの甘みとまろやかさ。
同割で混ぜることで、バランスのよい味が生まれます。
みりん風味の調味料ではなく、「本みりん」を使ってください。

### 材料／作りやすい分量
みりん……50cc
しょうゆ……50cc

### 作り方
すべての材料を混ぜ合わせ、保存容器に入れる。

**保存**：冷蔵庫で約1ヶ月

みりんしょうゆをアレンジ

# まぐろのづけ丼

とろりとした食感に、ごはんがすすむ味……。
おもてなしにも使える、絶品どんぶりです。

### 材料／2人分
基本のみりんしょうゆ（上記参照）
……大さじ4
まぐろ（刺身用）……約10切れ
ごはん……2膳分
海苔、大葉、ごま……各適量

### 作り方
1 保存容器に基本のみりんしょうゆを入れ、まぐろを30分くらい漬けておく。
2 ごはんを器に盛って1をのせ、好みで海苔、大葉、ごまを添える。

#### Memo
かじきまぐろやぶりの漬け焼きも、このみりんしょうゆが活躍。1晩漬けてから焼くと、味が浸みておいしくなります。魚全体が浸かるように、みりんしょうゆの量は加減してください。焼くときは、焦げやすいので中火から弱火で様子を見ながらじっくりと焼くこと。鶏肉や豚肉でもアレンジできます。

## 甘酢に漬けておく

魚や肉の南蛮漬けも、野菜の甘酢マリネも、これにおまかせ。
混ぜるだけの手軽さで、まろやかで甘酸っぱいおいしさが手に入ります。

# 基本の甘酢

いつもキッチンにある、シンプルな調味料で作ることができます。
野菜が少し余ったときにも、これに漬けておけばすぐに食べられて便利。
焼き浸し、揚げ浸しのベースとしても活用できます。

### 材料／作りやすい分量
米酢……200cc
酒(または白ワイン)……50cc
黒砂糖(または上白糖)…大さじ3
塩……小さじ1/2

### 作り方
すべての材料を合わせて、よく混ぜる。砂糖が溶ければできあがり。
※火にかけなくても溶ける。

> **保存**：冷蔵庫で約1ヶ月

---

**甘酢をアレンジ**

# 野菜4種の甘酢漬け

色とりどりの野菜を甘酢に漬けて、シンプルにいただきます。
いずれも、味がしっかり浸み込んだ翌日以降がおいしい。

### 材料／作りやすい分量
甘酢(上記参照)……野菜1種類につき250cc
みょうが……200g(約10本)
かぶ……中2個(200g)
プチトマト……15個
新じゃがいも……小2個(約120g)

### 作り方
1. みょうがは縦半分に切る。鍋に湯を沸かし、さっと湯通しし、ざるにあげて水気を切る。
2. かぶは皮を少し厚めにむき、繊維に沿って薄切りにする。全体に塩をまぶして10分おく。しんなりしてきたら水気をしっかり絞る。
3. プチトマトは湯むきする(または楊枝で数カ所穴をあける)。
4. 新じゃがいもは皮をむいて薄切りする。鍋に入れ、かぶるくらいの水を加えて火にかけ、沸いたらざるにあげる。
5. 保存容器にそれぞれの野菜を入れ、甘酢をひたひたまで注ぎ、ふたをして、1晩以上おく。

※お好みで、かぶに赤唐辛子の小口切り、じゃがいもに白こしょうを加えて漬けてもよい。

> **保存**：全て冷蔵庫で、みょうがとかぶは2週間、プチトマトは3日、じゃがいもは5日。

## 白菜をゆでておく

白菜は水分が多いため、使い切る前に変色してしまうことも多い野菜。
買ってきてすぐの、鮮度が高くておいしいうちにゆでておくのがおすすめです。

材料／作りやすい分量
白菜……1/2株

作り方
1 中華鍋など大きめの鍋に湯を沸かし、白菜の外側を湯に浸け、途中で返して少しかためにゆでる。鍋に浸かりにくい場合は、4分の1に切ってからゆでるとよい。冷水をかけて色止めし、しっかり絞る。
2 キッチンペーパーか、さらしをぬらして絞って1を包み、保存容器に入れてふたをして冷蔵庫で保存する。※そのままの大きさで保存するものと、切って保存するものとを、その後の用途で分けるとよい。

保存：冷蔵庫で3日

## 白菜のザーサイ炒め

ごま油の香りとザーサイの風味を楽しむ中華風の絶品おつまみ。

材料／2〜3人分
ゆで白菜（左ページ参照）…100g
ザーサイ……40g
ごま油……大さじ1
酢……小さじ2
七味唐辛子……適宜

作り方
1 ゆで白菜はざく切りにし、ザーサイも1〜2cmに切る。
2 フライパンにごま油を熱し、1 を炒める。酢をまわしかけて混ぜ合わせ、好みで七味唐辛子をふる。

ゆで白菜をアレンジ

## ロール白菜

とろりと煮くずれる寸前を味わう、和風のロール白菜。
ゆで白菜の外側の緑色の部分を使うのがおすすめです。

材料／5個分
ゆで白菜（左ページ参照）……50g
合いびき肉……300g
玉ねぎ……1/3個
塩……小さじ1/2
食パン（6枚切り）……1/2枚
A ┌ だし（P.18参照）…1カップ
  │ 酒……大さじ2
  │ みりん……大さじ3
  └ しょうゆ……大さじ1

作り方
1 玉ねぎは粗みじん切りにする。パンは細かくちぎり、分量内のだしから大さじ2をかけてしっとりさせておく。
2 ボウルに合びき肉と塩、1 を加えてよく混ぜ合わせ、5等分に分ける。
3 ゆで白菜を広げて 2 をそれぞれ包み、巻き終わりを下にして鍋に並べる。※鍋にぴったりと隙間なく並ぶようにする。
4 3 にAを加えて中火にかけ、沸いてきたら落としぶたをし、弱火にして20分煮る。
※ロール白菜は裏返さなくてよい。

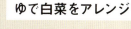

ゆで白菜をアレンジ

## 大根をゆでておく

大根は火が入るまで時間がかかるため、
あらかじめゆでておくとすぐに味付けができます。
おでんやステーキなど大きいままでの料理に展開しやすく便利。

### ゆで大根

**材料／作りやすい分量**
大根……中1本（約900g）
酒……50cc
塩……小さじ1

**作り方**
1 大根は2cm幅に輪切りし、少し厚めに皮をむく。
2 鍋に 1 とかぶるくらいの水を注ぎ、酒を加えてゆでる。竹串で刺してすっと通ったら火を止める。塩を加えてゆで汁ごと冷まし、保存容器に汁ごと移して保存する。

保存：冷蔵庫で3日

## 大根ステーキ

こんがり焼けた表面と、ジューシーな中身。
「ステーキ」の名前がぴったりの一品です。

### 材料／2人分
ゆで大根（左ページ参照）……4個
ベーコン……4枚
オリーブオイル……小さじ1
バター……10g
しょうゆ……大さじ1

### 作り方
1 ゆで大根にベーコンを巻く。
2 フライパンにオリーブオイルを入れ、1のベーコンの巻き終わりを下にして並べて火にかける。ベーコンの油が焼けてきたら、ひっくり返してバターを加える。
3 2のバターが溶けたら仕上げにしょうゆを加えてさっと返しながら香ばしく焼きあげる。

## 即席おでん

たくさん作るとあきてしまう（？）ので、ささっと1回分のおでんです。

### 材料／2人分
ゆで大根（左ページ参照）……2個
結びしらたき……4個
厚揚げ（4等分に切る）……1枚
干しいたけ（戻しておく）……2個
ゆで卵……1個
A ┌ 昆布水（昆布しいたけ水、一番だしなどでもよい）…300cc
  │ 薄口しょうゆ……小さじ2
  │ みりん……小さじ2
  └ 塩……小さじ1/2
からし……適量

### 作り方
1 ゆで大根は、包丁で2〜3カ所切り目を入れる。
2 鍋に熱湯を沸かしてしらたきをさっとゆがいて取り出し、熱湯は残しておき厚揚げにかけて油抜きする。
3 Aを鍋に入れて1、2、ゆで卵、しいたけを加えて火にかける。沸いたら弱火にして落としぶたをし、10分したら火を止めてそのまま冷ます。
4 食べる直前に温め、からしを添える。

ゆで大根をアレンジ

ゆで大根をアレンジ

## にんじんとさつまいもをゆでておく

なぜかいつも冷蔵庫で眠っている、にんじんやさつまいもなどの根菜類。
ゆでておく習慣をつければ、食べたいときにすぐに料理に使えます。

### ゆでさつまいも

材料／作りやすい分量
さつまいも……中1本（約300g）

作り方
1 さつまいもはよく洗って大きな芽の部分をとり、食べやすい大きさに切る。5分ほど水にさらして、ざるにあげる。
2 鍋に1を入れてかぶるくらいの水を注ぎ、火にかけてゆでる。竹串がすっと通ったら火を止める。
※レモン煮にする場合は、輪切りにして面取りすると見た目もよい。

### ゆでにんじん

材料／作りやすい分量
にんじん……2本

作り方
1 にんじんは皮をむいて、食べやすい大きさに切る。
2 鍋に1を入れてかぶるくらいの水を注ぎ、火にかけてゆでる。竹串で刺してすっと通ったら火を止める。

## にんじんスープ

にんじんの甘みに豆乳のクリーミーさ。
アツアツを飲みたい、温まるスープ。

**材料／4人分**
ゆでにんじん(左ページ参照)…2本分
塩……小さじ1
豆乳……1カップ
パセリのみじん切り……適宜

**作り方**
1 パセリ以外のすべての材料をミキサーにかけてペースト状にする。
2 1を鍋に入れて火にかけ、少し沸いてきたら弱火にして豆乳が分離しないように温める。
3 器に盛り、パセリを散らす。

ゆでにんじんをアレンジ

## 根菜の甘煮2種

つけ合わせにもお弁当にも使えるから、多めに作っておきたい。

### さつまいものレモン煮

**材料／作りやすい分量**
ゆでさつまいも(左ページ参照)…1本分
グラニュー糖(または上白糖や黒砂糖)……大さじ3
はちみつ……大さじ2
レモン汁……1個分
水……大さじ3

**作り方**
1 ゆでさつまいもは輪切りにし、大きければ半月に切る。
2 鍋に1と残りの材料を入れて弱火にかけ、焦がさないように様子を見ながら加熱する。砂糖が溶けたら火を止め、シロップごと冷ます。

> 保存:冷蔵庫で1週間

### にんじんのグラッセ

**材料／作りやすい分量**
ゆでにんじん(左ページ参照)…1本分
バター……大さじ1
メープルシロップ(あれば)…小さじ1
塩……ひとつまみ

**作り方**
1 フライパンを弱火にかけ、バターを入れて少し溶けたらゆでにんじんと他の材料もすべて加える。
2 1のにんじんがバターにからみ、照りが出てきたら火を止めて冷ます。

> 保存:冷蔵庫で3日

ゆでさつまいもとゆでにんじんをアレンジ

## カレー粉をオイルに漬けておく

いろんなものが、ほんのりカレー風味になるオイルです。
グラノーラにかけたり、オムレツやおつまみなどに使えばスパイシーに早変わり！

### カレーオイル

材料／作りやすい分量
好みのオリーブオイル……100cc
カレー粉（クミンやガラムマサラでもよい）……約小さじ1
赤唐辛子（種をぬく）……1本

作り方
1 ふたつきの保存瓶にカレー粉と赤唐辛子を入れてオリーブオイルを注ぐ。ふたをしたら軽く振る（混ぜなくてよい）。

**保存**：夏は冷蔵庫で、冬は常温で1カ月。

**カレーオイルをアレンジ**

### カレーオイル風味のサーディンとじゃがいものグリル

材料／作りやすい分量
カレーオイル（上記参照）……大さじ1
じゃがいも……中1個
オイルサーディン……1缶
塩……適量

作り方
1 じゃがいもは皮ごとゆでるか、電子レンジでやわらかくなるまで加熱する。皮をむいて1cm幅くらいの輪切りにする。
2 サーディンの缶（または耐熱皿）にオイルサーディンと1を交互に並べて全体にカレーオイルをかけて塩をふる。オーブントースターか魚焼きグリルなどで5分ほど焼く。

## じゃこナッツをオイルに漬けておく

うまみ、香り、カリカリ食感……。たくさんの"おいしい"が詰まったオイルです。「ふりかけ」の気分で、いろいろな食材にかけたり混ぜたりしてください。

### じゃこナッツオイル

**材料/作りやすい分量**
ちりめんじゃこ(乾燥)……50g
くるみ…5粒(4つくらいに砕く)
ピーナッツ……10粒
カシュナッツ……10粒
好みのオリーブオイル(またはごま油)……適量

**作り方**
1. 熱湯を沸かし、ざるにおいたちりめんじゃこにまんべんなくかけ、キッチンペーパーで水気を拭きとる。
2. 保存容器に1とナッツ類を入れてオリーブオイルを注ぐ(全部がしっかり漬かるまで)。

**保存**:夏は冷蔵庫で、冬は常温で2週間。

**じゃこナッツオイルをアレンジ**

### じゃこナッツオイルパスタ

**材料/2人分**
じゃこナッツオイル(上記参照)……1/2カップ ※じゃことナッツをまんべんなく、
スパゲッティ……200g
小松菜の茎(またはかぶの葉)…適量
赤唐辛子(小口切り)、塩、黒こしょう……各適宜

**作り方**
1. スパゲッティは表示時間より2分ほど少なくゆでる。
2. フライパンに、じゃこナッツオイルを入れて中火にかけ、ふつふつと沸いてきたら1と刻んだ小松菜の茎、赤唐辛子を加えて全体にからめる。味を見て足りなければ塩、黒こしょうで調える。

# ドライフルーツをビネガーに漬けておく

ドライフルーツがやわらかく戻って食べやすく、おいしくなります。
そのままヨーグルトにかけたり、サラダのドレッシングにも最適です。

## ドライフルーツのビネガー漬け

**材料/作りやすい分量**
ドライマンゴー……3切れ
干しぶどう……10粒
セミドライいちじく……3個
米酢(または好みの醸造酢)……1/2カップ

**作り方**
1 ドライマンゴーとセミドライいちじくは3〜4等分に切る。
2 保存容器に1と他の材料をすべて入れる。米酢をひたひたまで注ぐ。※混ぜたりふたりしなくてOK。

保存：冷蔵庫で3週間

### ドライフルーツのビネガー漬けをアレンジ

## ドライフルーツ グリーンサラダ

**材料/作りやすい分量**
ドライフルーツのビネガー漬け(上記参照)……1/2カップ(ドライフルーツごと)
オリーブオイル……適宜
ベビーリーフ……1袋(200g)

**作り方**
1 ボウルによく水を切ったベビーリーフとドライフルーツビネガーを入れてよく和える。
2 器に盛り、好みでオリーブオイルをかける。

# 干ししいたけとしょうがをしょうゆに漬けておく

干ししいたけやしょうがは、少し残して漬けておくと便利です。
合わせるのはみりんでも、お酒でもOK。しいたけとしょうが、一緒に漬けても美味。

## 干ししいたけじょうゆ

材料／作りやすい分量
干ししいたけ……2個
しょうゆ……50cc
みりん……30cc

作り方
1 干ししいたけは手で2〜3等分に割る。
2 しょうゆとみりんを保存容器に入れて1を漬ける。6時間後くらいから使える。

保存：冷蔵庫で10日

## しょうがじょうゆ

材料／作りやすい分量
しょうが……1片（20g）
しょうゆ……50cc
酒……30cc

作り方
1 しょうがは千切り、または薄切りにする。
2 しょうゆと酒を保存容器に入れて1を漬ける。

保存：冷蔵庫で1週間くらい

※加熱していないので、そのまま使うと強くお酒を感じるので、一度沸騰させてから使う方がよい。

**干ししいたけじょうゆをアレンジ**

## がんもどきのさっと煮

しいたけの香りで、ぐっとおいしさがアップ。
煮汁ごと冷ますことで、味が中までよくしみ込みます。

材料／作りやすい分量
干ししいたけじょうゆ（上記参照）……大さじ3
だし（または水）……50cc
がんもどき……2枚

作り方
1 がんもどきは4等分に切り、熱湯をかけて油抜きする。
2 鍋に1とすべての材料を入れて中火にかけ、オーブンシートで落としぶたをして10分ほど炊き、煮汁ごと冷ます。

## トマトを塩に漬けておく

塩をまぶすと余分な水分が程よく抜け、うまみと甘みが増しておいしくなります。
いつものトマトが大変身！　水っぽい冬のトマトにもおすすめです。

### 塩トマト

**材料／作りやすい分量**
トマト……中3個
塩……小さじ1

**作り方**
1 トマトはヘタをとってざく切りにし、大まかに種をとる。塩を全体にふって15分ほどおく。
2 すぐに使わない場合は、保存容器に入れて冷蔵庫で保存する。※料理に使う場合は、トマトの水分を捨てるが、オイルとレモン汁、酢などを足して、そのままドレッシングにして使ってもよい。

保存：冷蔵庫で2日

**塩トマトをアレンジ**

### ブルスケッタ

イタリアンなおつまみの定番も、トマトの味が凝縮しているから、さらに絶品に！

**材料／4枚分**
塩トマト（上記参照）
……トマトのみ2個分
バゲット（スライス）……4枚
ケイパー……適量
ミントの葉……適宜

**作り方**
1 塩トマトは、ざく切りにしてケイパーと混ぜておく。
2 バゲットは、オーブントースターまたは魚焼きグリルなどで軽く焼き、1 をのせる。好みでミントの葉を飾る。

## レモンを塩とオイルに漬けておく

流行の塩レモンと違うのは、1〜2日ですぐに使えるところ。
オイルにまろやかなレモンの酸味がブレンドされて何とも上品に仕上がります。

### 塩レモンオイル

**材料／作りやすい分量**
レモン（できれば国産の農薬不使用のもの）……2個
塩……大さじ1 1/2
オリーブオイル……1カップ

**作り方**
1. レモンはよく洗って水気を拭き、皮ごと4等分にするか、輪切りにする ※大きさは料理によって好みで。煮込みや炊き込みに使うなら大きめに、グリルやサラダには輪切りが合う。
2. 保存容器に1を入れ、塩を全体にまぶすようにふってオリーブオイルを注ぐ。冷蔵庫で保存する。2日目くらいからがおいしい。

**保存**：冷蔵庫で1週間

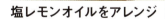
塩レモンオイルをアレンジ

### 塩レモンチキンのグリル

**材料／2人分**
塩レモンオイル（上記参照）
　……輪切り10枚
塩レモンオイル
　……オイルのみ大さじ1
鶏もも肉……1枚
オリーブオイル……適量

**作り方**
1. フライパンにオリーブオイルを薄くひき、鶏肉の皮目を下にしておいてから中火にかける。ふつふつとしてきたら、アルミホイルを上からのせ、その上に別の鍋などをのせて重しにしてそのまま15分焼く。
2. 1の重しを外して鶏肉を返し、上に塩レモンオイルの輪切りをのせ、再びアルミホイルをのせて重しをし、5分ほど焼く。
3. 2を食べやすい大きさに切り分けて皿に盛り、仕上げに塩レモンオイルのオイルをかける。

Column

## 薬味を切っておく

　ちょこっとあると、地味な一皿にも表情が生まれて、味に深みも出る薬味。みょうがやしそ、しょうが、パセリ、パクチー、ねぎなど、大好きでよく使います。そして、心に余裕があるときに、少し多めに切っておいて、小さな瓶に入れておくことも。

　もちろん、香りが身上の薬味は使うときに切るのがいちばんです。とはいえ、忙しいときはそのひと手間が面倒だったりしますよね。そこで、切っておいたものが大活躍。塩をひとふりしたり、オイルをかけたりして、ふたができる保存容器に入れ、冷蔵庫に入れておくと、2〜3日は使えます。たとえば、青ねぎや三つ葉、パクチーの茎の部分は細かい小口切りに。しょうがは、あるときにはすりおろし、またあるときには千切りで。あまり難しく考えずに、いろいろ試してみてください。

　こうして保存しておいた薬味たちは、香り立つ薬味とはまた違った役割。塩味のするトッピングや、香りのするオイルソースだと考えて使います。我が家では、すりおろしたしょうがに、塩とオイルをかけたものを冷奴にのせたり、トマトと和えて小鉢にしたり。塩をひとふりした青ねぎを、焼いた厚揚げにのせたり、うどんにのせたりしています。

　切っておいた薬味が冷蔵庫にあれば、「あれがあるから、1品できるな」と考えるのが、だんだん楽しくなってくるはずです。

# Part.4 疲れた体に レスキュー常備菜

外食やごちそうが続き、少し胃と体が重い……。
そんなときに食べたい、リセット用常備菜。
こんにゃくやひじき、根菜など、
体にうれしい、しみじみおいしいお惣菜で、
心もほっこり、からだもすっきり！

しいたけのこっくり甘辛煮

こんにゃく梅ごま煮

ひじきと油揚げの
炊いたん

しらたきとくるみの
黒こしょう炒め

5色きんぴら

2色のお揚げ煮

## しいたけのこっくり甘辛煮

**材料／作りやすい分量**
干ししいたけ（戻したもの）
……5個（約150g）
干ししいたけの戻し汁……大さじ2
黒砂糖……大さじ2
みりん……大さじ1
しょうゆ……大さじ2

**作り方**
① すべての材料を鍋に入れ、オーブンシートなどで覆うように落としぶたをして火にかけ、15分ほど煮込む。煮汁が3分の1になるくらいまで煮て、煮汁に入れたまま、3時間から1晩冷まして味をなじませる。

**保存**：冷蔵庫で約10日

## こんにゃく梅ごま煮

**材料／作りやすい分量**
こんにゃく……1パック（250g）
梅干しの果肉……3個分
すりごま……大さじ3
酒……大さじ2
薄口しょうゆ……小さじ2
松の実……適宜

**作り方**
① こんにゃくは食べやすい大きさに手でちぎる。鍋にこんにゃくとかぶるくらいの水を注ぎ強火にかけ、ぐらぐらと沸いたらざるにあげる。梅干しの果肉は包丁でたたいてペースト状にしておく。
② 鍋に酒とこんにゃくを入れて火にかけ、酒炒りしたら梅肉とすりごま、薄口しょうゆを加えて全体にからめ、こんにゃくの水分を飛ばしながら炒め煮する。好みで仕上げに松の実を加えて和える。

**保存**：冷蔵庫で3〜4日

## ひじきと油揚げの炊いたん

**材料／作りやすい分量**
ひじき（乾燥、芽ひじきが扱いやすい）……20g
油揚げ……1枚
サラダ油……小さじ2
A ┌ だし……100cc
　├ みりん……大さじ2
　├ しょうゆ……大さじ2
　└ 黒砂糖……大さじ4

**作り方**
① ひじきはかぶるくらいの水につけて戻す（20分くらい）。油揚げは半分に切り、細切りにして熱湯をかけて油抜きし、ざるにあげる。
② 鍋にサラダ油をひき、①を炒めてしんなりしてきたらAをすべて加え、オーブンシートなどで落としぶたをして20分くらい強めの中火で炊く。煮汁が半分くらいになったら火を止め、そのまま冷ます。

**保存**：冷蔵庫で約1週間（途中、一度火を入れるとよい）

## しらたきとくるみの黒こしょう炒め

#### 材料／作りやすい分量
しらたき……1パック（約250g）
くるみ……50g
ごま油……大さじ1
塩……小さじ1
黒こしょう……適量

> 保存：冷蔵庫で4日

#### 作り方
1. くるみは3〜4等分に割る。鍋にしらたきとかぶるくらいの水を注ぎ、強火にかけて沸いたらざるにあげる。
2. フライパンにごま油をひき、熱くなったら1を入れて炒める。全体に油がまわったら、塩を加えてからめ、仕上げに黒こしょうをふって全体を炒め合わせる。

※牛肉や豚肉の細切りを合わせたり、細切りピーマンやにんじんなどを加えて炒め合わせてもおいしい。

## 5色きんぴら

#### 材料／作りやすい分量
れんこん……50g
にんじん……1/4本
ごぼう……1本
A
- ゆで大豆（市販品）……50g
- 細切り昆布……5g
- しょうゆ……大さじ1
- 黒砂糖……大さじ1
- 酢……小さじ1
- サラダ油……適量

> 保存：冷蔵庫で3日

#### 作り方
1. れんこんとにんじんは十文字に4等分して薄切りにし、水をはったボウルでさらす。ごぼうはささがきにして同様に水にさらす。昆布はひたひたの水に10分ほど浸ける。ゆで大豆はざるに入れて熱湯をかける。
2. フライパンにサラダ油をひき、中火にかけ、水気を切った根菜類を炒め、油が全体にまわって火が通ったらAを加えて全体にからめるように炒め合わせる。仕上げに酢をまわしかけて火を止める。

## 2色のお揚げ煮

#### 材料／作りやすい分量
塩味の白いきつね煮
- 油揚げ……3枚
- 一番だし……100cc
- 酒……大さじ1
- 塩……小さじ1

黒くて甘いお揚げ煮
- 油揚げ……3枚
- 一番だし……100cc
- 黒砂糖……大さじ2
- しょうゆ……大さじ2

#### 作り方
1. ※作り方はどちらも共通。油揚げは半分に切って間を袋状に開く。ボウルに熱湯をはり、油揚げを入れて油抜きする。
2. 鍋にすべての材料を入れて火にかけ、オーブンシートなどで全体を覆うように落としぶたをして中火で15分ほど炊き、煮汁に入れたまま冷ます。

> 保存：冷蔵庫で3日

## 山脇りこ
*Riko Yamawaki*

料理家。東京・代官山で料理教室『リコズキッチン』を主宰。長崎の旅館で生まれ、四季折々のしつらえと食材、美しい花、器に囲まれて育つ。引き算の美学が生きた、シンプルな家庭料理が人気。旅好きで、世界&日本各地の市場や生産者を訪ねて、土地に根ざした味を探すことをライフワークにしている。著書『ノンオイル&10分でできる昆布レシピ95』が、グルマン世界料理本大賞2014でグランプリ受賞。

リコズキッチン HP
http://rikoskitchen.com/
facebook
www.facebook.com/RikosKitchen

---

*Staff*
撮影●長谷川潤
スタイリング●山脇りこ
料理アシスタント●土屋曜子　垂水千絵
　江原明子　川上匡美
　わたなべくみこ　高橋典子
編集協力●川越晃子
撮影協力●UTUWA ☎ 03-6447-0070

### ていねいに仕込んで食べる
# 一週間のつくりおき

発行日● 2015年2月12日　第一刷発行
　　　　2016年5月10日　第三刷発行

著者●山脇りこ

編集長●大木淳夫

編集●河合知子

発行人●木本敬巳
編集人●北坂和浩
発行・発売●ぴあ株式会社
〒150-0011　東京都渋谷区東 1-2-20
渋谷ファーストタワー
編集●☎ 03（5774）5267
販売●☎ 03（5774）5248

印刷・製本●三松堂株式会社

Ⓒ YAMAWAKI RIKO 2015 Printed in Japan
Ⓒ PIA 2015 Printed in Japan

ISBN 978-4-8356-2809-7

乱丁・落丁はお取替えいたします。
ただし、古書店で購入したものについてはお取替えできません。